「VR」「AR」技術 ガイドブック

Color Index

「仮想現実」(VR) の技術（第1部）

■ VR（仮想現実）技術

VRゲームでは、右手と左手に、それぞれ個別のコントローラを持つようなタイプもある。

「PrioVR」と「Oculus Rift」のようなHMDを組み合わせると、多種多様な操作が可能となり、プレーヤーの意志を的確にゲームに反映させる。

ICTでは、米海軍と協力して、「ブルーシャーク」プロジェクトを立ち上げ、HMDを用いた遠隔操作システムを開発。

■ VRの実際

脱出ゲーム『I Expect You To Die』は、GDC2016でも技術講演が公開されるなど、世界中のゲーム開発者から高い評価を得ている。

「仮想現実」(VR) の技術 (第1部)

　個人制作による戦略ゲーム『TACTERA』も高い評価を得たVRゲームのひとつ。

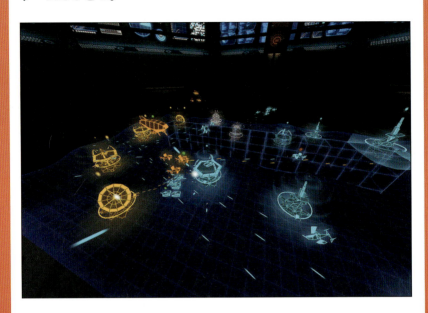

　VRアバターチャット『Social VR Demo』は、キャッチボールをしたり、「ハンドジェスチャ」と「ボイス入力」でコミュニケーションがとれる。

「触覚」のVR技術

■「触覚」のVR技術

タッチパネル上に「透明電極マトリクス」を用いて、「手」のほうにも実際に刺激を与える。

モータの回転数を制御して、その振動を指先に伝える。

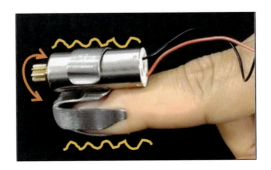

「ハンガー反射」を応用して、バンドから刺激を与えることで、頭や身体の向きを自動的に制御。

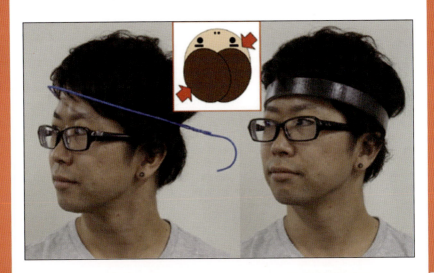

「拡張現実」(AR) の技術 (第2部)

■ AR (拡張現実) 技術

Navicam は日本の AR 研究の第一人者である暦本純一氏による AR システム。

絶対にミスが許されない医療現場では、かなり初期の段階から「AR」が用いられてきた。

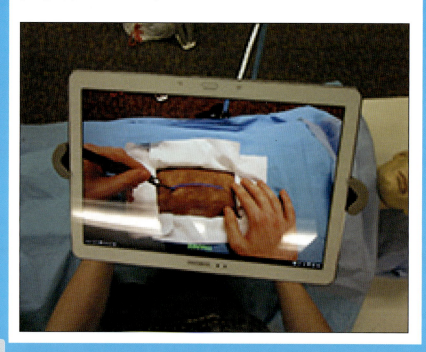

AR（拡張現実）技術

　アメリカのSports Vision社が、実際の競技の映像にアノテーションを表示させる技術を実用化。

　パイオニアの発売している「カーナビ」には、ナビ結果を「HUD」（Head Up Display）と呼ばれる、半透明の板に表示できるオプションがある。

「拡張現実」(AR) の技術 (第2部)

「立体構造」が認識しやすい特徴を利用して教育関連のコンテンツが多く作られている。

■「AR」の実際

位置情報を基に情報をオーバーレイする「Wikitude」。

現実空間のさまざまな場所をゲーム空間に変える「Ingress」。

いわゆる「スマートグラス」という概念を世に広め、「AR」をスマートフォンの画面から解放した点で画期的だった「Google Glass」(一般販売は中止)。

「拡張現実」(AR) の技術（第2部）

　「QRコード」に記述した情報に合わせて、コンテンツを配信するARサービスも少なからず存在した。

　「HoloLens」は、現実世界に3Dホログラムを重ねるようにして表示させるヘッドマウントディスプレイ（HMD）。

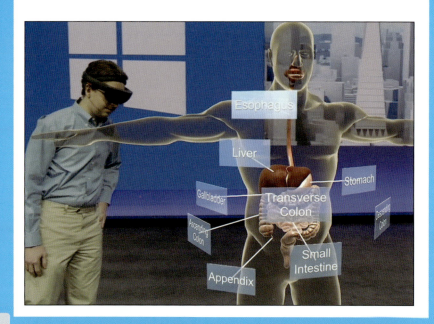

「AR」の実際

　JALは、訓練生用のバーチャル・トレーニングツールとして、「HoloLens」の採用を発表。

　エンジンの詳細な構造を、あらゆる角度から確認し、整備の訓練ができる。

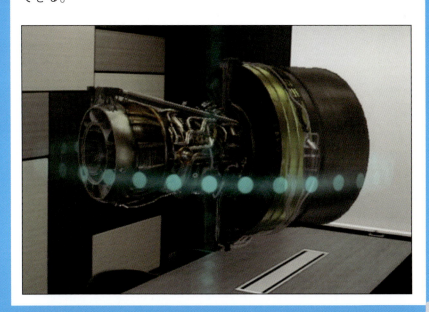

「拡張現実」(AR) の技術 (第2部)

CMOSイメージ・センサによる測距システムによって、任意のバーチャルディスプレイを貼り付けたりできる。

壁を突き破って出てくるロボットと戦うシューティングゲーム。

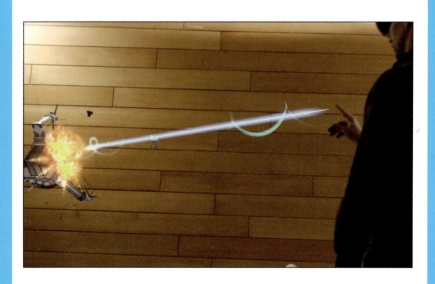

「Oculus Rift」「HTC Vive」「PlayStation VR」「Gear VR」

デバイス（第3部）

■「Oculus Rift」「HTC Vive」「PlayStation VR」「Gear VR」

GearVR

Oculus Rift

PlayStation VR

HTC Vive

「PlayStation VR」のプレイ風景

13

デバイス（第3部）

「FOVE」では、注視点ほど高解像度でCG映像をレンダリングし、周辺にいくほどボカしていく。

「Gamefacelabs」は米スタートアップ企業のGamefacelabs社が開発中のAndroid OSを内蔵したHMD。

「Kinect」と「モーション・キャプチャ」

■「Kinect」と「モーション・キャプチャ」

「Kinect for Windows」(以降「Kinect v1」)の後継として、「Kinect for Windows v2」(以降「Kinect v2」)が登場した。現在は「Xbox one版」と統合。

「Kinect v2」は、3Dセンサの動作原理から変更され、大幅に性能を向上。

デバイス（第3部）

　「Kinect v1」より解剖学的に正しい位置へとJointの構成が見直されている。

　「Face」は、顔に関するさまざまな情報を取得できる。

「Kinect」と「モーション・キャプチャ」

「HDFace」は、顔のモーションキャプチャのための情報を取得。

「3次元形状の再構成」(KinectFusion)や「発話者推定」(AudioBody)などの機能がある。

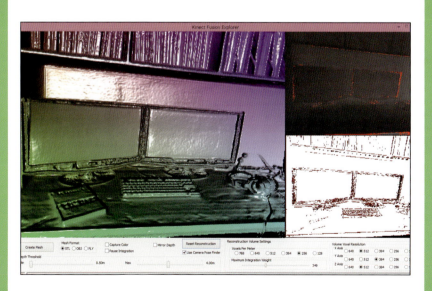

デバイス（第3部）

　「Leap Motion Orion」では、没入型HMDの前面にマウントで「Leap Motion」を装着することで、前方視野に入る手を認識できる。

　認識エンジンも大きく改善され、高い精度で細かなインタラクションをできる。

■ Leap Motion「Orion」

2016年2月中旬に「Leap Motion」が「VR」向けに最適化されたハンド・トラッキングの開発キット「Orion」をベータ版として公開。

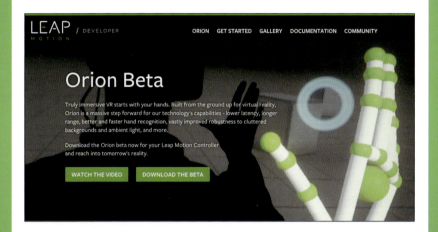

「Orion」はVR向けと謳われているが、これによる機能改善の恩恵は、デスクトップ・アプリでも受けることが可能。

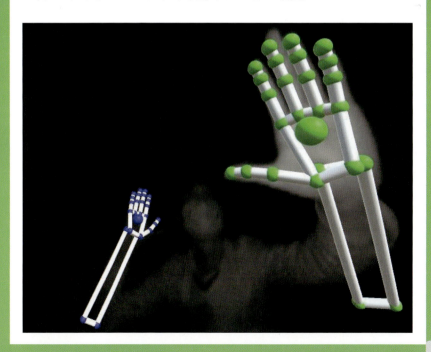

デバイス（第3部）

　「Orion」の発表と同時に公開されたサンプルアプリ「Blocks」は、「Orion」の可能性を充分に示している。

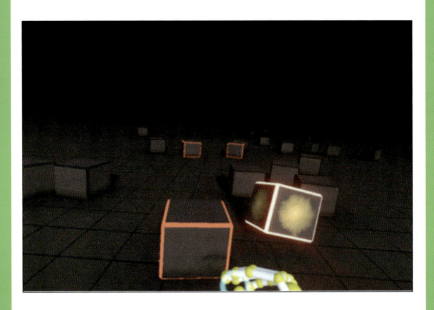

　空中に文字を書いたり、飛行機のコックピットの中を操作できるようなサンプルもある。

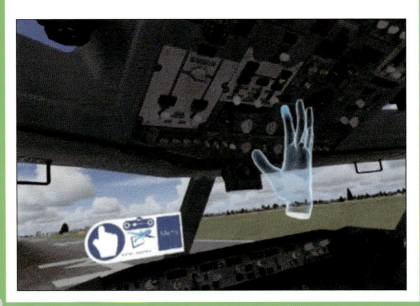

■ Perception Neuron

中央のアルミケースに「ニューロン」が入っている。

「ニューロン」を取り付けた状態で身体に装着する各部位の「ストラップ」と、データをPCに送るための「ハブ」などがある。

デバイス（第3部）

　「ニューロン」の取り付け（左）どの位置に装着するのかは、裏に図で示されている（右）。

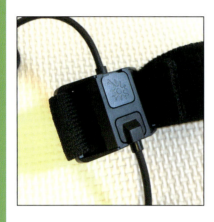 

　「ニューロン」を「ストラップ」に取り付けたら、「ストラップ」同士をケーブルで数珠つなぎに接続。

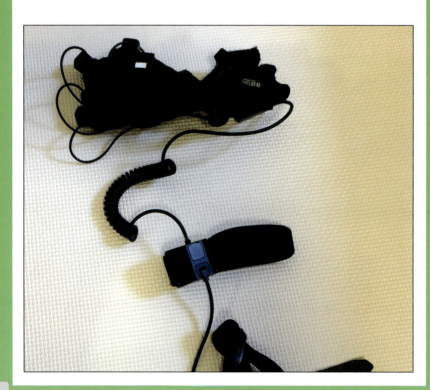

Perception Neuron

装着するとこのような感じに。

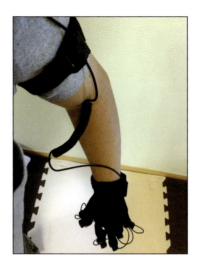

「全身」に装着する場合は結構な作業になる。

23

■ Desktop MOCAP iPi 3

撮影は、黒い服、シンプルな背景で行なう。

撮影時だけでなく、撮影後の動画に対しても、バックグラウンドを消す機能がある。

Desktop MOCAP iPi 3

「iPi Mocap Studio」で、撮影した動画ファイル（.iPiScene）を読み込んで、解析。

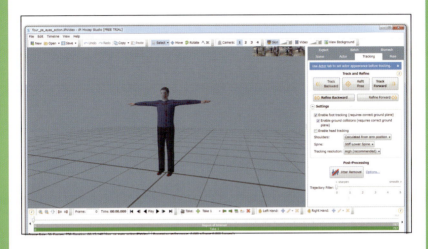

動画の重ね合わせ、「ボーン」だけの表示、動画の人物だけを非表示にするなど、作業によっての切り替えも可能。

デバイス（第3部）

　画面上に表示されたキャラクターの「身長」や「肩幅」「性別」などを調整して、「アクター」と一致するように合わせる。

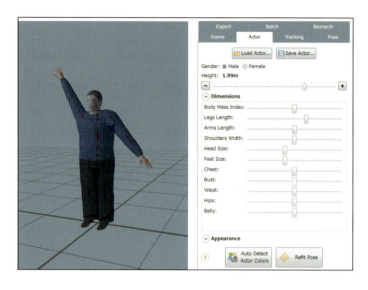

「IK」（関節）から細かい調整が可能。

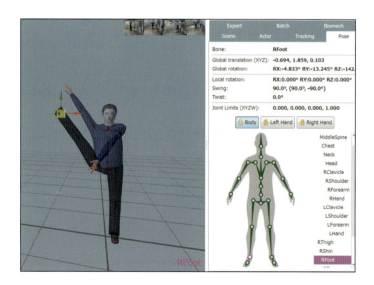

■ Myo

　「Myo」は、「パソコン」や「モバイル・デバイス」に「無線」で接続する、「アームバンド型」の「ジェスチャ・コントローラ」。

手首を外側に曲げたときに筋肉から発生する筋電位を読み取る。

デバイス（第3部）

「ビジョン・センサ」では難しい「腕を捻る」ジェスチャを認識できる。

5種類の手を使った基本的なジェスチャがあらかじめ設定されている。

ドローンなどを直感的なジェスチャで操作できる。

「Myo」で「メディア・プレイヤー」を操作。

デバイス (第3部)

■ HoloLens

「HoloLens」は米マイクロソフト社が開発している、「頭部に装着するコンピュータ(PC)」。

現実空間に影響を受ける「仮想オブジェクト」をもった空間を作る「MR」。

「HoloLens」が認識した空間は、「Device Portal」（デバイス・ポータル）という機能で見ることができる。

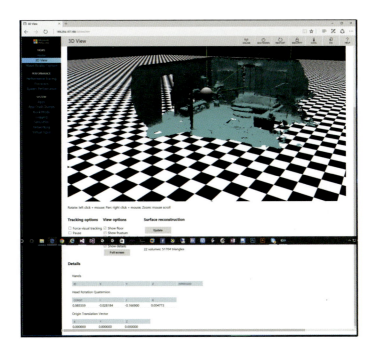

ディスプレイにあたる部分は縦が約2cm、横が約3cm（16:9）で、かなり小さいものになる。

VRの未来

イスラエルの企業のアイサイト社は、「スマホ」を、「手」や「指先」の「ジェスチャ」で操作する技術を開発。

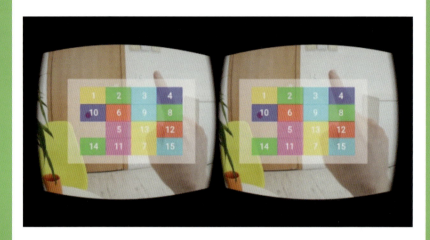

「Daydream」関連の製品としては、「VRビューワ」と小型のリモコンのセットが発売される。

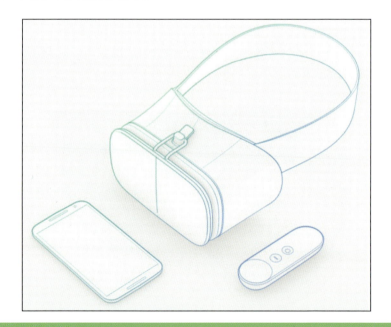

はじめに

　最近は、「VR」(仮想現実)や「AR」(拡張現実)は、さまざまなデバイスも登場したこともあり、大変な人気です。

　「PlayStation VR」(ソニー)や「Oculus Rift」(オキュラス)、「Vive」(HTC)などのHMD (ヘッドマウントディスプレイ)や、「ポケモンGO」(ナイアンティック)などのARアプリも登場して、一般への普及が始まっています。

　一方、医療や福祉、防災といった専門分野への応用も注目されています。

*

　本書は、「VR」「AR」の「技術」や、実際に使われている場面、また、その発展系である「MR」(複合現実)について、さまざまな方向から取り上げています。

I/O編集部

※本書は、月刊「I/O」に掲載された「VR」「AR」に関する記事を現状に合わせて再編集し、新原稿を追加したものです。

「VR」「AR」技術ガイドブック

CONTENTS

Color Index ……………………………………………… 2
はじめに ………………………………………………… 33

[序章] 「リアリティ技術」とは何か ………………… 36

第1部 「仮想現実」(VR)の技術
- VR(仮想現実)技術 ………………………………… 48
- VRの実際 …………………………………………… 58
- 「触覚」のVR技術 …………………………………… 63

第2部 「拡張現実」(AR)の技術
- AR(拡張現実)技術 ………………………………… 68
- 「AR」の実際 ………………………………………… 78

第3部 デバイス
- 「Oculus Rift」「HTC Vive」
  「PlayStation VR」「Gear VR」 ………………… 92
- 「Kinect」と「モーション・キャプチャ」 …………… 99
- Leap Motion「Orion」 ……………………………… 109
- Perception Neuron ………………………………… 117
- Desktop MOCAP iPi 3 …………………………… 125
- Myo …………………………………………………… 133
- HoloLens …………………………………………… 142

[終章] 「VR」の未来 ………………………………… 149

索 引 …………………………………………………… 158

●各商品は一般に各社の登録商標または商標ですが、®およびTMは省略しています。

序章

「リアリティ技術」とは何か
「VR」「AR」の基礎知識　勝田 有一朗

いよいよ私達の元へ「リアリティ技術」が来る時代となりました。ここでは、「仮想現実」を含む「リアリティ技術」がどのようなもので、どのようなことができるのか、見ていくことにしましょう。

「仮想現実」とは何か

■ 注目集まる「リアリティ技術」

「Oculus Rift」や「HTC Vive」といった、コンシューマ向けの高性能「HMD」(ヘッド・マウント・ディスプレイ)が販売開始され、2016年は「VR」「AR」が我々ユーザーの「現実」を覆い尽くしはじめる年とも言われています。

製品版「Oculus Rift」(Oculus)

テレビ番組などにおいても、「VR」「AR」などの「リアリティ技術」を取り上げる機会が増えてきており、お茶の間での注目度も上昇してきているのではないでしょうか。

ここでは、この注目度高まる「リアリティ技術」について、どのような技術で成り立っているかなどを解説していきます。

■「仮想現実」の定義

「仮想現実」は「Virtual Reality」(バーチャル・リアリティ)の日本語訳で、「VR」とも略されます。

一般的に「仮想現実」は、次のように定義されます。

> 実際の現実として目の前にあるわけではないが、機能としての本質は現実のそれと同じであるような環境を、コンピュータやさまざまなデバイスを用いてユーザーの感覚を刺激することで、理工学的に作り出す技術。

つまり「仮想現実」とは、人間の「視覚」「聴覚」「触覚」を刺激することです。

それは、現在地からまったく離れた場所に行ったような感覚を与えたり、実際にそこにあるわけではない物体を見たり触ったりする感覚を与える技術になります。

■ 実はちょっとおかしい「仮想」という和訳

元々の英単語である「Virtual Reality」(VR)の「Virtual」の本来の意味は、「実体は無いが、本質的、実質的には同じもの」というものになります。

しかしながら、和訳の「仮想」という言葉からは「仮に想定した、実質的には無いもの(虚構)」といった意味が連想されるため、まったく反対の意味になってしまいます。

そのため、「仮想現実」という言葉に、

> 現実ではあり得ないコンピュータが作り出した仮想世界(虚構世界)で、あたかも現実と同じような感覚を得られる技術。

といったイメージをもつ人が少なくないのではないかと思います。

しかしそれはあくまで「VR」応用の一側面であり、本来の「VR」とは「実質的には現実と同じものを人工的に感じさせる技術」という意味の言葉なのです。

「リアリティ技術」とは何か

　たとえば、撮影した360度パノラマ映像をリアルタイムに地球の反対側で体感できるシステムがあったとします。
　そこに映し出される世界は仮想世界ではなく「現在の現実世界」ですが、目の前の現実ではなく遠隔地の現実なので、それはまぎれもない「バーチャル・リアリティ」になります。

　これを「仮想現実」と日本語で呼ぶと少し違和感を感じてしまいますが、「Virtual」≒「仮想」という認識が広まりきってしまっているため、致し方ないところです。

■「VR」を構成する要素

　「VR」で「リアリティ」（現実感）を得るために重要となるキーワードは次の3つと言われています。

①3次元空間性

　ユーザー（人間）にとって、自然な3次元空間を構成していること。
実現するためには3DCGおよび立体音響の技術が必要になります。

　作り出された映像や音声を高性能「HMD」を通して見ることで、没入感の高い「仮想現実」を体験できます。

②リアルタイム性

　ユーザーが仮想空間の中で相互作用しながら自由に動けること。
　つまりユーザーのアクションで仮想空間に干渉できることを意味します。

　必要なのは入力インターフェイス技術で、簡単なパッド操作から、3次元ポインタ、モーションキャプチャといった技術が用いられます。

③自己投射性

　ユーザーが仮想空間内でも普段の感覚で行動できることを意味します。
　つまり「感覚と矛盾のない体験」を仮想空間内でも実現しようとい

うのが自己投射性になります。

　解決するためにはとても高度で時には大掛かりな施設を必要としますが、人間の錯覚を利用して上手く解決しようという試みもいろいろと研究されています。

　ここに挙げた3つのキーワードが揃って初めて理想的な「VR」になるとされていますが、これらすべてを完璧に揃えることは難しいため、ある程度の要素を満たしていれば「仮想現実」と考えるのが一般的です。

さまざまな「リアリティ」技術

■「VR」から派生した技術達

　「VR」の技術は、人間にさまざまな「現実感」(リアリティ)を与えるものですが、この技術を応用して、「VR」とは異なる目的の様さまざまな「リアリティ」技術が派生しています。

　それらさまざまな派生「リアリティ」技術についても、今回の特集で紹介します。

■ 拡張現実（AR）

　「拡張現実」は「Augmented Reality」の日本語訳で、「AR」とも略されます。実際に目の前にある現実環境を、コンピュータで拡張する技術の総称です。

　「VR」では仮想空間を実際の現実とすっぽり入れ替えることを目的としていたのに対し、「AR」は現実の一部を改変して見せることを目的とした技術になります。

　たとえば、現実には存在しないキャラクターを現実世界の映像と合成したり、道路に道順CGを合成してナビゲーションの補助を行ったりと、「AR」は現実世界の映像にCGでさまざまな情報を追加する、まさに「現実世界を拡張する」技術なのです。

「リアリティ技術」とは何か

　「AR」の多くの技術は「VR」と共通です。環境の全要素をコンピュータ内で構築したものが「VR」だとすれば、そのうちの空間部分を現実空間と入れ替えたものが「AR」となります。

「AR」向けの本格的な「HMD」として期待される「HoloLens」(マイクロソフト)

　表示デバイスも「VR」と同じような「HMD」を用いることが多いのですが、「AR」は「VR」のような仮想空間への没入感が必要ないため、大掛かりな「HMD」を用いずにスマホやタブレットのような携帯端末を用いた、より実用的な「AR」も大きく発展してきています。

「AR」で目的地まで誘導してくれるナビアプリ
「MapFan AR Global」(http://www.mapfan.com/iphone/arg/)
このようなスマホを用いる「AR」も登場している。

さまざまな「リアリティ」技術

■ 複合現実（MR）

「複合現実」は「Mixed Reality」の日本語訳で「MR」と略されます。

現実空間に仮想空間を重ね合わせて※拡張し、それを違和感なく体験できる技術です。

「VR」と「AR」の複合技術とも言え、「実寸大の臨場感」や「観る位置を選ばない自由な視点への追従」、「インタラクティブ性」などを追求する技術になります。

※または逆に、仮想空間に現実空間の映像を重ねて。

「MR」を実現するためには、より高度に実体感をもって現実空間と仮想空間を合成できる「HMD」が必要となります。

そのシステムを開発するMagic Leap社が、実際のプロダクトを発表する前に多額の出資を集め、時価総額5,000億円規模へ急進したことが話題となりました。

それだけ期待の大きい分野と言えます。

Magic Leap社Webサイトで公開されている「MR」のデモ映像。
http://www.magicleap.com

「リアリティ技術」とは何か

■ 代替現実(SR)

「代替現実」は「Substitutional Reality」の日本語訳で「SR」と略されます。

国内の理化学研究所が研究を進めている技術で、「今、目前に映る光景が、現在の現実世界なのか、それとも仮想的に作られた世界(アーカイブ)なのか、判別することができない」という点を追求した技術になります。

ハードの技術的には「AR」や「MR」とほとんど変わらないですが、「AR」や「MR」は現実になんらかの仮想要素を合成し、ユーザーもそれを「仮想のもの」と認識して利用するのに対し、「SR」では主に過去録画したアーカイブ映像を織りまぜることによって、過去を現実と区別なく、体感できることが特徴になります。

「仮想現実」が使われる分野

■ さまざまな分野で活用される「仮想現実」

さて、一般家庭への普及はこれからが本番と言える「仮想現実」ですが、実際にどのような分野で「仮想現実」が用いられるのか、実際の活用例や、これから活用が期待される分野について、いくつか例を挙げていきましょう。

■ シミュレータ分野

以前から航空機などの操縦訓練に用いられているシミュレータは「仮想現実」の一種と言えます。

現実の機体で多くの訓練を行なうには多額の費用がかかるため、費用を抑えつつ多くの経験を詰むために、民間企業、軍事関係などさまざまな方面でシミュレータの「仮想現実」が役立てられています。

「仮想現実」が使われる分野

　また、シミュレータの「仮想現実」には、現実では起こりにくい様々なトラブルや緊急事態を容易に発生させられるという利点があり、仮想世界での訓練が現実世界の訓練より勝っている部分と言えます。

JALが導入した「HoloLens」によるシミュレータ
(JALのプレスリリースより)

■ 医療分野

　医療分野でも近年「仮想現実」を活用するのが一般的になっています。

　医療分野で用いられる「仮想現実」としては、次の例が挙げられます。

● **手術ロボットの操作**

　ロボットによる手術の操作には「仮想現実」の技術が用いられています。

　元々、ロボット操作と「仮想現実」は親和性が高く、「仮想現実」の中であたかも自分自身がロボットになったかのように振舞える操作システムは、ロボット操作の完成形の1つと言えるでしょう。

● **手術の訓練や検討**

　医師としての技術力を高めるためには、より多くの症例や手術

を経験する必要があります。そのための訓練装置として「仮想現実」が用いられています。

また、難解な手術を行なう場合、患者のMRスキャンを3DCG化し、「仮想現実」において手術の進め方を検討したりシミュレートするといった手法が採られているところもあります。

● 患者への説明に
患者に対して、これから行なう治療やその様子について、あらかじめ「仮想現実」で詳細に説明し、安心してもらうといった試みも行なわれています。

「病は気から」という諺にもあるように、さまざまな手段を用いて安心材料を患者へ提供する、そのいち手段として「仮想現実」が期待されています。

■ 教育分野

シミュレータや医療分野の訓練に通ずることですが、「VR」や「AR」を用いた体験型教育の発展が今後期待されています。

また、遠隔地で授業を受けるといったケースにも、今後「仮想現実」が積極的に用いられるようになるかもしれません。

■ 広告業

実際には存在しない製品を、あたかも目の前にあるように見せることのできる「AR」や「MR」は、カタログや広告としての利用価値がとても高いと期待されています。

■ 旅行業

「AR」は旅行業でも期待されています。
観光地で必要となるさまざまな解説を「AR」で提供したり、いわゆる「アニメや映画の聖地巡礼」において、特定のスポットで「AR」によるキャラクタが出現したりといったサービスが考案されています。

また、あらかじめ360度パノラマ撮影したデータがあれば、「仮想現実」を用いて簡単にその場の雰囲気を味わえるため、旅行を決める前に「仮想現実」で下見をしてみたり、身体の都合などで旅行が難しい人々へ向けた「仮想現実」による旅行パックといった商品もいずれ登場するでしょう。

■ 製造業

製造業では、製品の開発設計に「仮想現実」を取り入れる動きが出てきており、フォード社は他社に先駆けて自動車の開発設計に「仮想現実」を導入しています。

■ エンターテインメント分野

そして、当面「仮想現実」が主役となる舞台は、なんといってもエンターテインメント分野になります。

私達一般ユーザーが最初に手にする「仮想現実」は没入感の高い3Dゲームとなるでしょうし、アミューズメント施設でも「仮想現実」を用いたアトラクションやゲームが数多く登場するでしょう。

たとえば「ユニバーサル・スタジオ・ジャパン」で開催されたアトラクション「きゃりーぱみゅぱみゅ XRライド」は、可動ライドと「HMD」による「仮想現実」を組み合わせた世界最新鋭のアトラクションとして注目を集めました。

「仮想現実」はどこまでゆく？

ここまでに述べたように、「仮想現実」はすでにさまざまな方面で実用化されており、遂に私達一般ユーザーの手にも届く時代となりました。

ただ、これはあくまでスタートにすぎません。現在はエンターテインメントを楽しむ1つの手段でしかない「仮想現実」ですが、いずれさまざまなアプリケーションが登場し、性能が向上してゆけば、生活における「仮想現実」の比重も高くなっていくことでしょう。

「リアリティ技術」とは何か

　映画「マトリックス」のように完全な「全感覚没入型仮想現実」が実現するかはかなり眉唾ものですが、現技術の延長上でもかなりリアルで、生活の一部とできる「仮想現実」が実現できそうです。
　2016年の1月にはベルリンで「HMD」の「HTC　Vive」を装着して48時間過ごすというデモが催され、健康面では特に問題がなかったことも報告されています。

　「仮想現実」に触れる時間が大半を占めるようになれば、いったいどちらが「仮想」でどちらが「現実」なのか、そんな逆転現象が社会問題となる日が来るのかもしれません。

　10年、20年後の世界かもしれませんが、SFが描いたようなサイバーパンクな未来が訪れることを期待してしまいます。

第1部

「仮想現実」(VR) の技術

ここでは「仮想現実」(Virtual Reality)
技術を解説しています。
・VRの技術
・VRの実際
・「触覚」のVR技術

VR（仮想現実）技術
「VR技術」「問題点」「VRの未来」　本間 一

VR技術の進歩とともに、多様な分野で「VR」が活用されるようになってきました。
ここでは、「VR」を巡る背景と現状を探ります。

VRが生まれた背景

■ ダモクレスの剣

「VR」と言えば、最新技術の1つとしてもてはやされていますが、その歴史は意外と古く、1960年代には研究が始められていました。

最近では、「HMD」（ヘッドマウントディスプレイ）が人気ですが、その原型はアメリカの計算機科学者アイバン・エドワード・サザランド氏の研究に見ることができます。
サザランド氏は、「コンピュータ・グラフィクス」および「VR」や「AR」の研究を行ない、「ダモクレスの剣」（The Sword of Damocles）というHMDシステムを開発。

このシステム名は、古代ギリシアの故事に由来します。
「ダモクレスの剣」とは、宴の席で、廷臣（朝廷に仕える臣下）ダモクレスの頭上に、今にも切れそうに細い、馬の尾の毛で吊り下げられていた剣のことです。

サザランド氏のHMDは、天井から吊り下げられたメカニカル・アームに取り付けられていて、ユーザーはその場から動けない状態でHMDを装着します。
HMDに表示されるVRのCG映像は、ワイヤーフレームのみの部屋を映し出すというものでした。

VRが生まれた背景

　ヒトは、2つの目から得た像を合成して、3D映像として認識します。
　「ダモクレスの剣」は、研究初期のシステムではありますが、HMD装着者の頭の動きの検出や、2つの映像による3D表示など、VRの基礎技術が盛り込まれています。

サザランド氏の開発したHMD

■ エンタテインメント

　エンタテインメント分野のニーズは、「VR」や「AR」の研究開発推進の強力な原動力になります。
　主に映画などの3D映像コンテンツでは、特殊なメガネをかけると、立体的に見えるという映像技術が開発されました。
　初期の3D映像コンテンツは、赤と青のフィルタを用いて映像を3D化する「アナグリフ方式」から始まりましたが、色によるフィルタリングでははじ全なカラー映像が表現できない、という欠点がありました。

　その後、高速に左右のシャッターを閉じる「アクティブシャッター方式」や、偏光フィルタを用いる「パッシブ方式」などの3D映像方式が開発されました。
　また、3Dメガネ無しで、裸眼で視聴できる3D映像方式も開発されています。

VR（仮想現実）技術

＊

　初期の3D映像コンテンツは、遊園地のアトラクションの1つとして人気を博しましたが、現在では3D機能を搭載したテレビで手軽に3D映像を楽しめるようになりました。

● **家庭用ゲーム**

　家庭用ゲーム機では、任天堂が早くから3D表示に取り組んできました。
　1995年には、3Dゲーム機「バーチャルボーイ」を発売し、2011年には、裸眼で3D映像を楽しめる「ニンテンドー3DS」を発売。

＊

　「バーチャルボーイ」は、頭に装着するには大きすぎるため、机などに置いて操作する仕様でしたが、その形状はゴーグル型であり、初期のHMDの一種と考えることもできます。

　「バーチャルボーイ」の内部ディスプレイは、1列に並べた224個の赤色LEDを高速に点滅させ、その光を振動する鏡に投影して映像を表示。
　右目と左目にそれぞれ視差のある像を表示して、立体感を演出します。

　「バーチャルボーイ」は、ファミコンと同等の操作性を実現していましたが、映像の色が赤のみという仕様から、ヒット商品とはならず、国内の販売数は約15万台に留まりました。

＊

　「ニンテンドー3DS」には、裸眼で3D映像を楽しめるディスプレイを搭載。
　このディスプレイは、シャープが開発したもので、「視差バリア方式」により、ディスプレイからの光の進行方向を制御して、右目と左目に異なる映像を表示できます。
　「ニンテンドー3DS」は世界累計で約6000万台を販売し、大ヒット商品になっています。

VRが生まれた背景

● **アーケードゲーム**

　アーケードゲームでは、2012年に発表された、「ホラーガンシューティングゲーム」の「ダークエスケープ3D」がヒットして話題になりました。

　このゲームは、専用3Dメガネを装着してプレイします。

　3D映像で迫り来るゾンビやクリーチャー（化け物）を撃ち倒すという内容です。

　3D映像以外にも、「5.1chサラウンドオーディオ」や、プレーヤーに風を当てる「エアーシステム」、振動するシートなど、さまざまなギミックで臨場感を演出します。

＊

　エンタメ分野の「VR」では、どこまで人間の感覚に、リアルに迫れるかというところが要点であり、「ダークエスケープ3D」にはそのひな形となる要素が盛り込まれています。

注目されるHMD

　一部の家庭用テレビには、3D機能が搭載されるようになりました。

　しかし、複数の3D映像方式があることや、3Dコンテンツが少ないことなどから、広く普及するような状況にはなっていません。

　テレビの3D機能には、没入感が得にくいという欠点もあります。

　HMDが注目されるのは、視聴者自身がコンテンツの内部に入り込み、仮想現実への強い没入感が得られるところにあります。

　そして、映像を見るだけでなく、視聴者の行動に反応するインタラクティブな体験が、より深い没入感へ誘導します。

VR（仮想現実）技術

VRの技術

■ HMDの構成

● 映像の表示

　液晶パネルを左右に配置する「サイドバイサイド」方式を採用する機種が多いです。

　「液晶パネル」と「魚眼レンズ」を組み合わせて、自然な視覚に近い像を表示します。

● ヘッドトラッキング

　VR体験で重要なのは、頭の動きに合わせた映像の変化です。

　ユーザーの頭の向きを検知して、それに映像を追随させることによって、臨場感を演出します。

　頭の動きは、複数のセンサを組み合わせて検知。

　「ジャイロスコープ」「3軸加速度」「地磁気」の3つのセンサによって、頭の「傾き」「動作」「向き」を検知できます。

　また、赤外線LEDやカメラを追加することで、ユーザーの動きをより高精度に検出。

　HMDに装備した赤外線LEDの光は、専用の受光センサを配置して検知します。

● オーディオ

　オーディオをどのように聴くかは、3Dコンテンツの重要な要素の1つです。

　HMDに小型のスピーカーを搭載したり、イヤホンを使ったりします。

　「5.1chサラウンド」などの外部のオーディオシステムを使う場合もありますが、複数のプレーヤーが存在する場合に、個別のオーディオを配信できないというのが欠点です。

VRの技術

● コントローラ

　VRゲームでは、「操作スティック」と「ボタン」を装備した、ゲーム機と同様のコントローラを使うのが一般的です。

　右手と左手に、それぞれ個別のコントローラを持つようなタイプもあります。

■ モーションキャプチャ・コントローラ

　「HMD」や「コントローラ」に装備したセンサから、「位置」「傾き」「加速度」など、頭や手の動きの情報を取得し、それをゲームに反映させることで、VRゲームの臨場感を高めます。

　ただし、HMDのみでプレーするゲームは、映像的には没入感を得られますが、操作は従来のゲーム機と同様です。

　全身の動きをリアルタイムに検知して、その動きにフィードバックした映像をHMDに表示すると、非常にリアルなVR空間にプレーヤーを没入させることができます。

　このようなVRシステムは、手足に複数のセンサを装着することで実現可能です。

＊

　米オハイオ州のYEIテクノロジーが開発した「PrioVR」は、身体に装着するコントローラです。

　「PrioVR」のセットは、複数個の「センサ・ユニット」「制御ユニット」「接続ケーブル」「装着用ベルト」などから構成されます。

53

VR(仮想現実)技術

　マッチ箱程度の大きさのセンサ・ユニットを、「頭」「手足」「背中」などの動きを検知したい場所に装着し、カールコードで接続します。
　センサ・ユニットは、「ジャイロスコープ」「3軸加速度センサ」「磁気センサ」を内蔵しています。

　センサ・ユニットから得たモーション・データは、ゲーム内の自分のキャラクターに反映され、プレーヤーの動作の通りに動かすことができます。

＊

　「PrioVR」と「Oculus Rift」のようなHMDを組み合わせると、多種多様な操作が可能となり、プレーヤーの意志を的確にゲームに反映させます。
　モーション・キャプチャによる操作は、対戦型格闘ゲームや複数のプレーヤーが協力するようなゲームなどで大きな効果を発揮します。

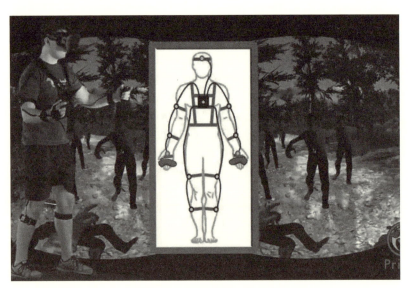

「PrioVR」による操作のイメージ
http://www.priovr.com/

VRの技術

■ ブルーシャーク・プロジェクト

　南カリフォルニア大学の「Institute for Creative Technologies」(ICT)は、仮想現実や人工知能などの最先端技術を研究する施設です。

　ICTでは、米海軍と協力して、「ブルーシャーク」(BlueShark, 和名：ヨシキリザメ)プロジェクトを立ち上げ、HMDを用いた遠隔操作システムを開発しています。

　このシステムを強いて分類するとすれば、どちらかというと「AR」に近い技術ですが、「VR」と「AR」を高度に組み合わせています。

　操縦者はHMDを装着し、目前のタッチパネルモニタを操作。

　操縦者はHMDの映像で操作しますが、その映像は同時に複数のモニタに表示され、操縦者が何をしているか、周囲の人にも分かります。

　タッチパネルに表示されるUIやHMDの映像は、操作内容によって変化します。

　映像は、CGの場合もありますし、実写映像とCGを組み合わせて、ARによる遠隔操作を行なう場合もあります。

ブルーシャークの遠隔システム
U.S. Navy photo by John F. Williams

VR（仮想現実）技術

操縦者はHMDだけでなく、センサ付きのグローブを両手に装着。

たとえば、遠隔地のロボットアームを操縦する場合には、ロボットアームの遠隔映像とともに、CGによる操縦者の「仮想の手」が表示され、ロボットアームを直接操作するような感覚で操作できます。

＊

このシステムでは、特定の遠隔作業をしている人が、瞬時に他の場所の遠隔作業に移ることが可能です。

たとえば、ロボットアームで修理作業をしているときに、災害や紛争などの緊急事態が発生。

すぐに偵察用ドローンの操縦に切り替えて、緊急発進する——といったことを実現できます。

「VR」の問題点は？

「VR」の発展には、もちろん大きなメリットがありますが、「VR」に過度に依存する人が増える可能性が懸念されています。

今でもゲームの世界にどっぷり漬かって抜け出せない人は存在しますが、「VR」は、より深く人間の感性に働きかけるため、「VRゲーム」の世界に、中毒的に依存する人が増えるかもしれません。

過度に「VR」に依存する人が増えれば、通常の他者との係わりをもたなくなる人が増えると考えられます。

AI技術の進歩により、仮想人格の知能レベルも上がってくるので、人生のパートナーを仮想人格に求める人も増えるでしょう。

このようなVR依存が深刻化すれば、少子化の加速も懸念されます。

コミュニケーションの変容

　「VR」に対するプライオリティが高い人が増えると、他者との関わり合いに変化が生じます。
　確かにVR依存への懸念はありますが、VR技術によるコミュニケーションの変容は、悪いことばかりではありません。

　通常のコミュニケーションが減れば、VR内部のコミュニケーションが増える可能性は高くなります。
　現実世界ではパッとしなくても、仮想世界では才能を発揮できる人がいるのではないでしょうか。
　また、たとえ才能がなくても、仮想世界の作業代行などにニーズが増えることも予想されます。
　仮想世界内の仕事を職業とすることが、その他の職種と並んで一般的になるかもしれません。

　たとえば「Second Life」では、オリジナルの服をデザインして、それを販売することで利益を得ることが可能です。
　「VR」や「AI」の技術進歩で、「メタバース」に新たな雇用が生まれる可能性はあります。

　「Second Life」は、2014年には、HMD「Oculus Rift」のサポートを開始し、対応ソフト「Second Life Project OculusRift Viewer」を公開。
　ヘッドトラッキング機能およびステレオスコープ3Dにより、3D空間に没入できます。
　「VR」への注目度の高まりとともに、「Second Life」が再注目される兆しという状況になっています。

VRの実際
スタートアップから大企業まで続々と発売される「VR HMD」　小野 憲史

米国サンフランシスコで開催されたゲーム開発者会議「GDC」（ゲーム・ディベロッパーズ・カンファレンス）では、スタートアップから大企業まで、さまざまな「VRコンテンツ」が出展されていました。
ここでは、そうしたさまざまな「VRコンテンツ」について紹介します。

続々登場する「VRコンテンツ」

　「VR HMD」の発売で先行するOculus VR社は、専用のデジタル流通プラットフォームを整備しており、コンテンツをダウンロード購入することが可能です。

　「GearVR」向けには「Oculus Home」が用意され、HMDを装着したままメニュー操作でコンテンツを選べます。

　「Oculus Rift」向けには、Web上で「Oculus Share」がオープン中です。
　中でも主観視点で進行し、スパイ映画さながらの展開が楽しめる脱出ゲーム『I Expect You To Die』は、GDC2016でも技術講演が公開されるなど、世界中のゲーム開発者から高い評価を得ています。

I Expect You To Die

続々登場する「VRコンテンツ」

　個人制作による戦略ゲーム『TACTERA』も高い評価を得たVRゲームのひとつです。
　ワイヤーフレームで描画された、一昔前のSF映画のような世界観で、2つの陣営による仮想戦が繰り広げられます。
　ボードゲームのように神の視点（上空から見下ろす形）をとり、目の前で飛行船から爆弾が投下されるなど、迫力のあるゲームが楽しめます。

TACTERA

　一方ソニー・インタラクティブエンタテイメントはGDC期間中にプレスカンファレンスを行ない、「PlayStation VR」向けに開発中の新作ゲーム25本を試遊展示しました。
　なかでもPlayStation4ゲーム『アンティル・ドーン 惨劇の山荘』のスピンアウトタイトルで、トロッコに乗ってモンスターを倒していくホラーシューティング『Until Dawn: Rush of Blood』は、完成度が高く楽しめました。

＊

　また同社は、技術デモとして、オンライン上で4人までのプレイヤーが同時に体験できるVRアバターチャット『Social VR Demo』を展示しました。

VRの実際

　VR空間内でオブジェクトをつかんで互いにキャッチボールをしたり、「ハンドジェスチャ」と「ボイス入力」で互いにコミュニケーションをとることができたりと、VRコンテンツの可能性が実感できる内容になっています。

Social VR Demo

＊

　このほかバンダイナムコグループは2016年4月15日から10月中旬まで期間限定で、VR技術を応用したエンターテインメント施設『VR ZONE Project i Can』を、東京・お台場で展開中です。

HMD以外のVR体験

　「VR」は、HMDによるインタラクティブな映像体験だけには留まらず、「触覚」や「嗅覚」など、五感を用いたさまざまな体験が研究されています。
　GDC2016のエキスポ会場でも、日本のスタートアップ企業から触覚を利用した2種類のVRデバイスが展示されています。

＊

HMD以外のVR体験

　産業技術総合研究所から生まれたミライセンスのブースでは、Bluetooth対応の体感フィードバック付きゲームコントローラ、『M-ORB』のデモが行なわれていました。

M-ORB

　本製品は、「3次元触力覚(3DHaptics)技術」をベースとしており、コントローラの十字キーの部分が振動しつつ、プレイヤーに対してフォース・フィードバック情報※を提供します。

　特定の振動刺激を与えることで「脳をだます」点がポイントで、指が左右上下に振られるようなリアクションや、銃を撃ったときの反動など、特定の刺激を出力できます。

> ※コントローラなどの入力に対して、リアリティを出すために、手に加える振動や力の情報。

＊

　東京大学発の、ベンチャー企業・H2Lのブースでは、腕の筋肉に電気刺激を与えて手指をコンピュータ制御する「UnlimitedHand」のデモが行なわれていました。

61

VRの実際

　「UnlimitedHand」の内側には、「フォト・リフレクタ」と「電極パッド」、外側には「ジャイロ・センサ」と「バイブレーション機能」が内蔵されており、腕に巻き付けて利用します。
　担当者がPCを操作すると、筋肉が引きつったような感覚があり、自動的に指が内側に折れ曲がりました。

　「VR HMD」と組み合われば、VR空間内のキャラクターと触覚を通したコミュニケーションをとるアプリなどが開発可能とのことです。

UnlimitedHand

　こうしたデバイスが次々に登場することで、さらなるVR体験が期待できそうです。

「触覚」のVR技術
「リアリティ技術」の鍵を握る錯覚 編集部

「VR」というと、多くは「視覚」や「聴覚」のVR技術を思い浮かべますが、もうひとつ、重要な技術として、「触覚」の「VR」があります。

「VR」は「錯覚」の技術

　「VR技術」は、いわば「錯覚」の技術です。どうやって「現実」と錯覚させるかが技術の肝になるわけです。
　「視覚」や「聴覚」を使ったVRは、これまでもいろいろと出てきましたが、現実(リアリティ)の代替になるかと言われれば、難しいのが実情でしょう。
　その大きな理由に「触覚」の部分があります。

　たとえば物をつかむにも、触覚の部分がないと、「リアリティ」を感じることはできません。
　そこで、その「触覚」の部分に注目してVRの研究をしているのが、電気通信大学の梶本 裕之准教授が率いる梶本研究室です。

電気触覚ディスプレイ

　たとえば、スマホなどのタッチパネルを押すと、画面が反応します。ただ、それは画面上で、反応しているように見せているだけです。
　そこで、タッチパネル上に「透明電極マトリクス」を用いて、「手」のほうにも実際に刺激を与えることで、たとえば視覚障碍者などにも、タッチしたことが分かるようなります。

「触覚」のVR技術

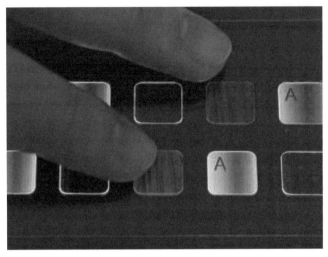

透明電極を用いた「電気触覚ディスプレイ」

「モータ」の「回転加速度」を用いた「振動触覚」

これは、モータを使った振動触覚です。

モータの回転数を制御して、その振動を指先に伝えるものです。

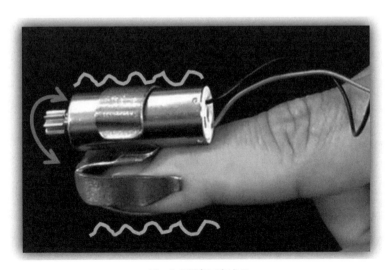

モータの回転で伝える

ハンガー反射

　また、「ハンガー反射」を利用した研究も進んでいます。

　「ハンガー反射」とは、針金のハンガーを頭に挟むと、頭が自動的に横を向いてしまう現象のことです。

　それを応用して、頭や腰に着けたバンドから刺激を与えることで、頭や身体の向きを自動的に制御する装置を研究開発しています。

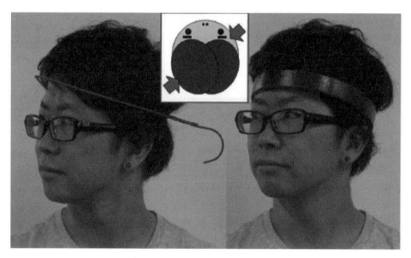

「ハンガー反射」を応用した装置

[電気通信大学梶本研究室]
http://kaji-lab.jp/

第2部

「拡張現実」(AR)の技術

ここでは、現実風景に仮想イメージを重ねる「AR」について解説します。
・AR（拡張現実）技術
・「AR」の実際

▲高速道路表示例

AR（拡張現実）技術

ARの「定義」「技術」「センサ」「使われている場所」　佐野 彰

「AR」とは「Augmented Reality」(オーグメンテッド・リアリティ)という意味で、日本語では「拡張現実」や「強調現実」と訳されます。

私達の暮らしている現実世界を、少しだけ分かりやすくしてくれたり、楽しくしてくれたりする仕組みのことです。

では、どのようにして、「分かりやすく」「楽しく」してくれるのでしょうか。

ARの技術

■ ARとはどんなものなのか

「MSRQD」というアプリ

　この画像は私の顔を「MSRQD」というアプリで撮影したものです。
　カメラで捉えた顔に、画像を足したり変形させたりして、変身を楽しむことができます。
　興味深いのは、顔を動かしても、ヒゲも一緒に動いて表示されます。これはARという技術を用いているアプリです。

＊

　このように、現実世界に何か別の情報を追加し、その意味を広げてくれる仕組みを、「AR」と呼びます。

専門的な言葉では「現実世界にアノテーション（annotation）を重畳表示したもの」と表わします。

アノテーションとは「追加される情報」、重畳表示とは何かを重ねて表示するということです。

この「アノテーション」は、撮影しているカメラが動くと、その動きに併せて、リアルタイムに一緒に動きます（「マッチムーブ」と言います）。

そのため現実世界とアノテーションが完全に溶け込み、不思議な感覚を与えてくれます。

■「AR」の定義

「AR」とは何をもって「AR」と呼ぶのでしょうか。

「AR」について初めて総括的にまとめられた1997年の論文「A Survey of Augmented Reality」（Ronald T. Azuma）にそのヒントがあります。

その中で「AR」には3つの条件があるのではないかと述べられています。
①現実世界と、そうでないものが結び付けられている
②利用者の動きなどにリアルタイムに反応する
③立体的に位置合わせがなされていること
　さらに、最近では、
④現実の文脈に添った情報が付加されている
ことが追加されることも多くなりました。

補足ですが、「アノテーション」は追加するだけではなく、何かを消したり、引いたりすることも含まれています。

さらに、「映像」だけではなく、「音声」や「匂い」などもアノテーションに含まれます。

AR（拡張現実）技術

■ 位置合わせの技術あれこれ

　もう少しARを技術的に考えてみましょう。先ほどの定義の3番にあった「立体的に位置合わせをする」ところで、多くの研究者の試行錯誤が行なわれています。

　言い換えると「アノテーションを、どのように現実世界にマッチムーブさせるか」ということです。

＊

　大きく分類すると2つの方法があります。

①画像分析による方法

　カメラが撮影した映像を分析し、位置を分析する方法です。

　画像に映る画像の傾きや回転具合から、どの位置からカメラが世界を見ているのかを分析し、ぴったり合うように3D-CGなどのアノテーションを作成します。

　初期の「AR」では、黒い明確な枠線のある目印（マーカー）が用いられていました。

　最近では、現実世界の画像をそのまま使うものも増えてきています。

　先ほどの「MSRQD」は人間の顔をマーカーとして用いていると言えます。

②センサを用いる方法

　もう一方の方法はセンサを用いる方法です。

　たとえばスマートフォンには、位置や傾き、加速度を読み取るセンサが内蔵されていますが、これらの情報を組み合わせて、カメラがどの位置からどの方向を見ているのかを判断し、アノテーションを作っています。

■ 見せ方あれこれ

また、アノテーションを現実世界に重畳表示する方法にも、いくつかの方法があります。

---

①スマホのカメラを通して、そのカメラの映像に合成して利用する「かざす型」。
②駅などで時々見かける大型画面にカメラの映像を鏡のように映す「鏡形」。
③ドラゴンボールのスカウターのように、利用者の視線の間に半透明のディスプレイを入れて、それを通して観る「シースルー型」。
④プロジェクタで実際の物の上に投影する「プロジェクション型」。

の4つの方法があります。

それぞれの方法には特徴がありますが、コストや利用の容易さから、個人利用では「かざすタイプ」、多くの人が集まるようなところでは「ミラータイプ」が現在は多く用いられているようです。

「AR」が生まれた背景

■「もっと分かりやすく」という願い

どのようにして「AR」が生まれてきたのでしょうか。
さまざまなスタート地点がありますが、すべてに共通するのが「分かりやすくしたい」という思いだと思います。

＊

「AR」の初期の論文に、1992年にノースカロライナ大学のMichael Bajuraらが書いた「Merging Virtual Objects with the Real World」という医療の現場で使われる超音波エコーを題材とした論文があります。

超音波エコーで表示される像をモニタ上で表示するのではなく、実際の体の上に位置を合わせて表示し、位置関係や大きさなどを、より分かりやすく表示できることを目指しています。

AR（拡張現実）技術

■「AR」が実現するまで

「AR」は仕組みの総称であり、「AR」という技術があるわけではありません。

多くの技術が組み合わさって「AR」というシステムを実現しています。

「AR」を実現するためには、映像を入力するための「カメラ」、傾きや加速度、方位を測定する「センサ」、位置を測定する「GPS」、計算を行なう「コンピュータ」も必要になります。

また、最終出力を提示する小型ディスプレイや、HMDなどの「表示機器」も必要です。

さらに、前述したようなアノテーションの「位置合わせを行なうための技術」も必要です。

このように考えてみると、数多くの技術や機器が進化したことが、「AR」が身近に広がってきている要因になっていることが分かります。

■ 代表的な発明

● ダモクレスの剣（1968）

1965年のIvan Sutherland氏による「Ultimate Display」（究極のディスプレイ）と呼ばれる論文を元に、1968年に開発されたデバイスです。

YouTubeでその動作する様子などを動画で視ることができます。

これは実際の景色の上にCGを表示させており、「AR」の元祖だと言っても過言ではないでしょう。

なお、実物はコンピュータ歴史博物館に展示されているとのことです。

天井からつながっている棒の先にデバイスが着いており、物理的に利用者の頭の位置を物理的に計測しています。

「AR」が生まれた背景

● **Navicam（1994）、CyberCode（1994）**

　Navicamは日本のAR研究の第一人者である暦本純一氏によるARシステムで、コンピュータを通して世界を視ることで、現実の世界に情報を付加するシステムでした。

　これはソニーの「VAIO PCG-C1」という、当時話題となったカメラ付き小型PCの中にインストールされていました。

Navicam
https://www.sonycsl.co.jp/project/440/

CyberCode
https://www.sonycsl.co.jp/person/rekimoto/matrix/Matrix.html

● **ARToolkit（1999）**

　加藤博一氏によるC言語ライブラリで、カメラから入力された画像から、視点の位置を計算してくれます。

　このライブラリは、複雑な計算を行なってくれるため、数学の専門的な知識がない人でもARコンテンツを作ることが可能になりました。

AR（拡張現実）技術

「AR」が使われている場所

「AR」が利用されている場所はたくさんありますが、代表的なものを紹介します。

■ 医療現場

絶対にミスが許されない医療現場では、かなり初期の段階から「AR」が用いられてきました。

血管の位置などを分かりやすく見せるという使われ方だけでなく、遠隔医療に用いられるなどの可能性が広がってきています。

医療現場で使われているAR
http://www.purdue.edu/newsroom/releases/2015/Q3/surgeons-may-get-remote-assistance-with-new-telementoring-system.html

■ スポーツ中継

アメリカのSports Vision社が、実際の競技の映像にアノテーションを表示させる技術を実用化しました。

今ではいろいろなスポーツで、同様の映像を見ることが多くなってきましたね。

スポーツ中継におけるAR
http://www.sportvision.com/optical-player-tracking

「AR」が使われている場所

■ カーナビなどのナビゲーション

　パイオニアの発売している「カーナビ」には、ナビ結果を「HUD」（Head Up Display）と呼ばれる、半透明の板に表示できるオプションがあります。

　運転手は、ほとんど視線を動かす必要がなく、自然な状態で情報を理解し、安全運転に貢献しています。

　ちなみに、ボーイング787でも同様の「HUD」が使われています。

カーナビに使われるAR
http://pioneer.jp/carrozzeria/carnavi/cybernavi/avic-zh0999_line_avic-vh0999_line/navigation/ar_hud.php

■ 立体構造を把握するコンテンツ

　「AR」には「立体構造」が認識しやすい特徴がありますが、これを利用して教育関連のコンテンツが多く作られています。
また災害時の実感を伝えるコンテンツも注目されています。

AR（拡張現実）技術

ARの教育関連コンテンツ
https://itunes.apple.com/us/app/spacecraft-3d/id541089908?mt=8
https://itunes.apple.com/jp/app/ar-jin-bohazadomappu-fang/id816084878?mt=8

■ エンタテイメント

　「AR」のもつワクワク感などを活用した、エンタテイメント性を持つアプリも忘れてはいけません。

　これまでは、マーカーをかざすと云々というものも多かったのですが、前述したMSQRDのような顔をマーカーとして用いる面白さに気づくことで、新たな「AR」の楽しみが拡がりそうです。

ARの課題

■ デバイスの課題

　「Oculus Rift」や「PlayStation VR」が話題に上がることも増えてきました。

　この流れを受け、「AR」も次第に認知されてきた印象を受けています。

　2016年1月にマイクロソフトが発表した「HoloLens」で、「AR」の世界に革命が起きるかもしれません。

> ※なおHoloLensは「AR」ではなく、「Mixed Reality」(MR)に分類されるいう意見もあります。

　「HoloLens」は、現実空間が透けて見える透過型の「HMD」に、アノテーションを表示させるデバイスです。

　そのデバイスにも注目が集まっていますが、現実空間をセンサで把握する技術にも注目したいところです。

　ただ、まだまだコンテンツもデバイスも発展途上であり、「デファクト・スタンダード」が生まれるまでには時間がかかりそうです。

■ カメラで撮ることの普及と抵抗感

　カメラが街中で普及し、あちこちでシャッター音がしているが、いざ自分が望まれないものを撮影された時に、抵抗感を感じる人も少なくないかもしれません。

　「HoloLens」のようなデバイスが普及すると、単に画像という二次元情報ではなく、立体スキャンされた3D情報も用いられることになり、新たなルールなどが必要になるかもしれません。

「AR」の実際
本命となる「スマートグラス」も登場　arutanga

ゲームやエンターテインメントの世界では、すでに「AR」が数多く実装されています。
さらに、マイクロソフトがリリースした「HoloLens」は、「AR」の活用領域を広げる可能性を秘めています。

「スマートグラス」と「AR」

　これまでの「AR」は、スマートフォンの内蔵カメラで撮影するリアルタイム映像にCGなどを合成することで、現実を「拡張」するものでした。

　2014年にサービスを終了した「セカイカメラ」もその先駆けでしたし、世界規模で現在もサービス展開する「Wikitude」も同じ仕組のARアプリです。

カメラを向けた先に、どのようなスポットがあるのかがフキダシで表示される「セカイカメラ」

「スマートグラス」と「AR」

位置情報を基に情報をオーバーレイする「Wikitude」

＊

そうしたARの世界に一石を投じたのが、「Google Glass」です。

「Google Glass」は、デザインもスマートだった

　いわゆる「スマートグラス」という概念を世に広め、「AR」をスマートフォンの画面から解放した点で画期的でした。

「AR」の実際

　「Google Glass」自体は、写真撮影やHDビデオ録画機能を搭載していたことが災いしたのか、プライバシーの侵害につながるといった懸念を巻き起こして、一般発売はなりませんでした。

　しかしながら、「AR」を文字通り、現実をそのまま拡張する技術とするためには、「スマートグラス」の存在は必要不可欠です。

　後の内容で詳述しますが、2016年リリースされたマイクロソフトの「HoloLens」は、「スマートグラス」の本命として、大いに話題を集めています。

＊

　現在、電車に乗るほとんどの人がスマートフォンを手にしているように、人々が「スマートグラス」を装着している未来は、正直に言えば、あまり歓迎したくありません。

　しかし実際の利便性の前には、そうした守旧的な考えでは太刀打ちできない時代になりつつありそうです。

「AR」の機器

　これまでの「AR」は、スマートフォンやモバイルゲーム機において、主に「カメラの映像」に頼って実装されてきました。

　初期の「AR」においては、現実空間の映像に3DのCGを合成するため、カメラの位置や姿勢、画角などを知る手段が限られていました。

　主流となっていたのは、黒い正方形の太枠の中に、白黒またはカラーの図案がある「マーカー」を使う手法です。

　また、マーカーとして「QRコード」を利用することも可能なので、この「QRコード」に記述した情報に合わせて、キャラクターや音楽、文章といったコンテンツを配信するARサービスも少なからず存在しました。

「AR」の機器

3次元情報取得に「マーカー」を利用する
http://kougaku-navi.net/ARToolKit/

また、リアルタイムの映像にCGを合成する、という意味では、テレビのバーチャルセットも、かつては「マーカー」を利用していました。

壁や床にパターンの描かれたブルーバック
http://web.dendai.ac.jp/sp/about/campus/saitama.html

　テレビの解像度がHDとなるなかで、カメラの姿勢情報を正確にデジタル化する技術がまだなかったため、ブルーバックの壁や床にパターンを描いておいて、これをトラッキングするシステムが用いられていたのです。

「AR」の実際

「AR」と言えば、現実空間にCGを合成する、という印象が強いですが、バーチャルセットの場合は、3D-CGのバーチャル空間に、人物などの現実映像を合成するというように、主客転倒しているのが興味深い点です。

*

スマートフォンをはじめとする情報機器のほとんどに、「GPS」「加速度センサ」「ジャイロ・センサ」「地磁気センサ」が搭載されるようになった現在では、位置や姿勢の情報を、映像以外のセンサから特定することが可能になっています。

そのため、現在の最先端の「AR」技術は、カメラに頼らず、センサの情報から正確に姿勢情報を得て、現実空間にピッタリと3D-CGをオーバーラップさせることが可能になっています。

マイクロソフト「HoloLens」

2016年3月30日、開発者向けに予約を受け付けていたマイクロソフトの「HoloLens」(ホロレンズ)が、出荷を開始しました。

「HoloLens」は、現実世界に3Dホログラムを重ねるようにして表示させるヘッドマウントディスプレイ(HMD)です。

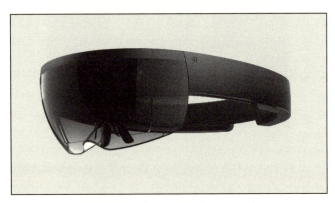

大振りなゴーグルのような「HoloLens」

マイクロソフト「HoloLens」

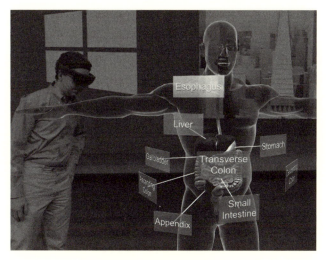

「HoloLens」の利用イメージ

　日本を代表する航空会社である「日本航空」(JAL)も2016年4月18日、「HoloLens」を用いた業務活用のプロトタイプを開発していると発表しました。

「HoloLens」の導入を決めている企業のひとつとして、「JAL」の名前もある

　現在は、
・ボーイング737-800型機 運航乗務員訓練生用のトレーニングツール
・ボーイング787型用エンジン 整備士訓練用ツール
の2つのツールを開発しているそうです。

「AR」の実際

JALは、訓練生用のバーチャル・トレーニングツールとして、「HoloLens」の採用を発表

エンジンの詳細な構造を、あらゆる角度から確認し、整備の訓練ができる

*

　また「HoloLens」は、ホストコンピュータとつなぐ「ディスプレイ・インターフェイス」ではなく、単体で機能する「AR専用のPC」でもあります。

　OSとして「Windows 10」を搭載しており、単体でネットにアクセスしたり、動画サービスを利用することが可能です。

マイクロソフト「HoloLens」

搭載するCPUは32bitのインテル製プロセッサとマイクロソフトの「Holographic Processing Unit (HPU) 1.0」の組み合わせで、「HPU」はセンサからの情報をリアルタイムで高速処理することに特化したプロセッサとなっています。

また、このほかにもユーザーや周囲の状況をリアルタイムに把握するため、「4つのカメラ」「深度センサ」「4つのマイク」「照度センサ」などが、搭載されています。

周囲の3次元的な配置を把握するのには、「Kinect」と同じ「投射型深度センサ」が使われています。
　これは、赤外線を照射し、その反射光が返ってくるまでの時間をCMOSイメージ・センサで取得して、前方120度の視野で、距離を測定します。

CMOSイメージ・センサによる測距システムによって、部屋の壁や天井、テーブル面などを高精度で認識し、そこに任意のバーチャルディスプレイを貼り付けたり、3次元のモデルやキャラクターを自由に配置できます。

仮想的なディスプレイや3次元モデルを、任意に配置
＊

「AR」の実際

　また、「HoloLens」は「Oculus Rift」や「PS VR」のようなVR用のHMDとは異なり、網膜に直接映像を投射する「網膜投影型」のデバイスです。

　「網膜投影型」の利点は、眼の焦点調節機能とは無関係に、映像を直接網膜に投影できるというところです。
　これによって、「近視」や「乱視」といった視力の問題があっても、メガネなどを使うことなく鮮明な映像を得ることができます。

　映像の解像度は左右それぞれに「HD」で投射され、「網膜投影型」のもうひとつの利点から、RGBのサブピクセルを感じさせない、全230万画素フルカラーの視界が得られるとしています。

　「視線移動」「ジェスチャ」「音声」などの入力に対応しており、空間にバーチャルなキーボードを出現させて、文字入力を行なうことも可能です。

　YouTubeには、マイクロソフトによる「HoloLens」のデモが復数アップされています。

壁を突き破って出てくるロボットと戦うシューティングゲーム
https://www.youtube.com/watch?v=Hf9qkURqtbM

ゲームから工業デザインまで、幅広い利用が提案されており、その活用方法には、大きな可能性を感じさせます。

マイクロソフトの本気を感じさせる「HoloLens」は、「スマートグラス」の大本命なのは間違いなさそうです。

「Ingress」と「Pokemon GO」

技術的な「AR」のアプローチは、「HoloLens」でいったんの結論が出てしまった感がありますが、ソーシャルなアプローチにも面白いものが出てきています。

*

「Ingress」は、グーグルの社内スタートアップで2015年独立を発表した「ナイアンティック・ラボ」(Niantic Labs)が開発、運営する、スマートフォン向けのARゲームです。

現実空間のさまざまな場所をゲーム空間に変える「Ingress」

「AR」の実際

プレイヤーは、実際の「Googleマップ」に表示される「ポータル」と呼ばれる陣地を奪い合っていく、という内容。

富士山の山頂をはじめとして、「記念碑」「彫像」「パブリックアート」「図書館」「郵便局」「駅」「教会」「神社」など現実のさまざまなスポットが、「ポータル」として登録されており、実際にそのスポットを訪れることで、ゲームを進行できます。

*

また、「ナイアンティック・ラボ」と「任天堂」が共同開発する「ポケモンGO」も、「AR」を使って、現実空間にポケモンを出現させて、捕まえたり、バトルしたりできるゲームです。

ポケモンの種類は住む場所によって、「水が近いなら、水に関するポケモン」といったように変わります。

また、全世界の一部にしかいないレアなポケモンも用意されるとのことです。

*

「ポケモンGO」のダウンロード数は、世界で1億3000万を超えており（2016年9月時点）、ギネスの世界記録にも認定されました。

日本でも、リリース当日からかなりの話題となり、珍しいポケモンが出てくるスポットには、昼夜問わず大勢のプレイヤーが押し寄せるほどでした（現在は、多少落ち着いたようです）。

この人気ぶりは、特に観光の分野で注目されており、近年、大きな地震があった岩手県、宮城県、福島県、熊本県と「ナイアンティック・ラボ」が協力し、「ポケモンGO」を使ったイベントなどを企画しているとのことです。

「Ingress」と「Pokemon GO」

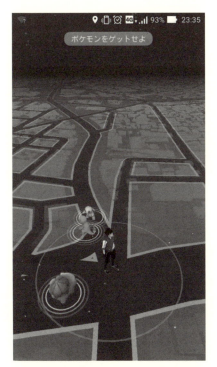

世界規模で展開する「ポケモンGO」

＊

　こうした現実の場所や自然環境を、実際に歩いて訪問したり、あるいは旅行先で特別なアイテムやキャラクターを探したり、といった楽しみ方ができるサービスは、ライフスタイルに影響を与える、興味深い「AR」の活用方法だと思います。

　SNS的な要素も含まれており、現実の空間とリンクすることで、単なる視覚的コンテンツとしての「AR」を超えて、「拡張」した体験が得られそうです。

第3部

デバイス

ここでは、「VR」ヘッドマウントディスプレイをはじめ、「モーション・キャプチャ」などの「VR」「AR」に使えるデバイスを紹介します。

- 「Oculus Rift」「HTC Vive」「PlayStation VR」「Gear VR」
- 「Kinect」と「モーション・キャプチャ」
- Leap Motion「Orion」
- Perception Neuron
- Desktop MOCAP iPi 3
- Myo
- HoloLens
- 「触覚」のVR技術

「Oculus Rift」「HTC Vive」「PlayStation VR」「Gear VR」
主要「VR HMD」と次世代のVR　小野 憲史

「VR」製品の中核的な存在であり、各社から発表や発売が続いている「VR HMD」の現状を紹介します。

主要4製品

　「VR HMD」は、世界中でローエンドからハイエンドまで多数の製品が発表されており、その大半は下記の3種類に分類できます。

①スマートフォンを装着するもの
②PCや家庭用ゲーム機に接続するもの
③その他（ハイブリッドタイプ）

　このうち、①では韓国サムソン社から発売され、同社製スマートフォンの「Galaxyシリーズ」を装着して使う「Gear VR」、②では「Oculus Rift」が発売されています。

　これに加えて②の分野で、今後発売が予定されている台湾HTC社の「HTC Vive」と、ソニー・インタラクティブエンタテイメント社の「PlayStation VR」を含めた4機種が、「VR HMD」の主要製品として一般的に認知されています。

VR体験の違い

GearVR

Oculus Rift

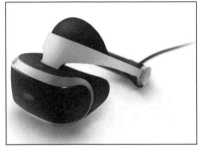
PlayStation VR

HTC Vive

VR体験の違い

　現在発表されている「VR HMD」の体験を、やや乱暴にまとめてしまうと、このようになります。

　その上で大きく異なるのは、「トラッキング」と「入力デバイス」です。

■ トラッキング

　まず、「Gear VR」のようなスマートフォンを装着して使う製品は、特別な「トラッキング装置」を内蔵していません。

　頭部の回転は、スマートフォンに内蔵された「加速度センサ」や「ジャイロセンサ」によって検出され、それに追随して映像が変化することになります。

＊

「Oculus Rift」「HTC VIVE」「PlayStation VR」「Gear VR」

　これに対して「Oculus Rift」と「PlayStation VR」では、頭部やコントローラの位置を検出するセンサが用意されています。
　これによって、プレイヤーはVR空間内で頭部を動かしたり、両手を使った操作が可能になり
ます。

*

　「HTC Vive」では、部屋の対角線上に2基のセンサを設置することで、部屋の中でのプレイヤーの位置を検出します。
　これによって、プレイヤーは実際に両足を使って部屋の中を歩き回ることも可能です。

※ただし、部屋の広さや、PCとの接続ケーブルの長さなどの制約がある。

■ 入力デバイス

　続いて「入力デバイス」ですが、「Gear VR」では本体側面に「タッチパッド」と「バックボタン」が存在し、これを使った操作ができます。
　しかし、これらをコンテンツの体験に活用するのは現実的ではありません。
　そのため、ゲーム内のオブジェクトに一定時間、視点を合わせるなどの入力方法がよく利用されています。

*

　これに対して「Oculus Rift」と「PlayStation VR」では、家庭用ゲームの「入力コントローラ」が標準搭載されています。
　また、VR空間内での入力行為に最適化されたデバイスとして、両手で1基ずつ持って使う「PS Moveコントローラ」や「Oculus Touch」がオプションで発売されます。

*

　「HTC Vive」では家庭用ゲームの入力コントローラを使わず、はじめから「HTC VRコントローラ」が標準搭載されています。

VR体験の違い

HTC VRコントローラ

＊

　「トラッキング装置」と「入力デバイス」は、VR体験のデザインに大きな影響を与えます。

　そのため、各製品ごとに最適化されたコンテンツの開発が期待されます。

　一方でVRクリエイターにとっては、マルチプラットフォーム展開が困難になるのが悩みの種だと言えるでしょう。

＊

　このほか「Oculus Rift」「PlayStation VR」「HTC Vive」では、「360度パノラマサウンド」が採用されており、頭部の方向に対して最適な方向から音が聞こえるようになっています。

「PlayStation VR」のプレイ風景

「Oculus Rift」「HTC VIVE」「PlayStation VR」「Gear VR」

「Oculus Rift」と「Touch」

次世代の「VR HMD」

「VR HMD」は日進月歩で技術革新が続いており、すでに「次世代HMD」の登場がアナウンスされています。

一例として、国産HMDとして期待される「FOVE」と、GDC2016でデモが行なわれていた「Gamefacelabs」を紹介します。

■ FOVE

「FOVE」は日本のスタートアップ企業、FOVE社によって開発が進められているHMDです。

最大の特徴は2基の「視線追跡センサ」を内蔵していることで、視線を動かすだけで入力をしたり、VR空間内のキャラクターとアイコンタクトをとったりできます。

また、「FOVE」では、注視点ほど高解像度でCG映像をレンダリングし、周辺にいくほどボカしていく「フォビエイテッド・レンダリング」技術が搭載される予定です。

これによって、PCの必要スペックを抑えるとともに、「VR酔い」の低減にもつながることが期待されます。

次世代の「VR HMD」

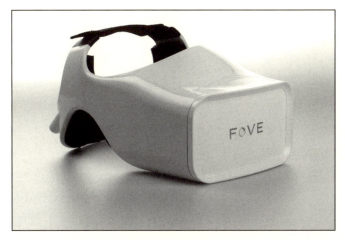

FOVE

■ Gamefacelabs

「Gamefacelabs」は米スタートアップ企業のGamefacelabs社が開発中のHMDです。

最大の特徴は米NVIDIA社のGPU、「Tegraプロセッサ」と「Android OS」を内蔵していることで、スマートフォンを挿入することなく、これ1台でVR体験が可能です。

バッテリによる駆動時間は「7時間」で、小型化を進めている最中とのこと。

なお、他の「VR HMD」のようにPCに接続して、外部ディスプレイとして利用することも可能です。

このほか、「HTC Vive」の「ルームトラッキング・センサ」を活用することができ、PCとの接続ケーブルに悩まされることなく、自由に部屋の中を歩きながらVR体験ができるとしています。

また、「ハンド・トラッキング」用のカメラも2基搭載されており、「AR」(拡張現実)体験もできます。

「Oculus Rift」「HTC VIVE」「PlayStation VR」「Gear VR」

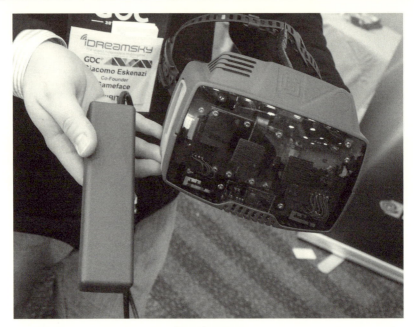

Gamefacelabs

■ その他のVR HMD

　他の「VR HMD」としては、北欧のゲームスタジオStarbreezeが開発中で、「5120×1440ピクセル」の表示部をもち、「210度」の視野角をほこる「Star VR」。

　また、ゲーム周辺機器のRazerが主導し、ソフトとハードがオープンソースで構成される「Razer OSVR」など、さまざまな製品が開発されています。

「Kinect」と「モーション・キャプチャ」
体や手の動きをデータに　杉浦 司

「Kinect for Windows」に始まり、近年コンシューマ向けのさまざまな3Dセンサが登場してきました。

誰もが知る大企業からだけではなく、ベンチャー企業からもさまざまな3Dセンサが発表、発売されています。

最近では、センサやアルゴリズムの改良でその性能をさらに向上させてきています。

ここでは、「Kinect」と「Leap Motion」について紹介します。

Kinect

　コンシューマ向けの3Dセンサの先駆けとして注目を集めた「Kinect for Windows」(以降「Kinect v1」)の後継として、「Kinect for Windows v2」(以降「Kinect v2」)が登場しました。

　現在は、「Kinect for Windows」は販売停止になっていますが、「Xbox One」用の「Kinect」をアダプタで接続することで、同じように使うことができます。

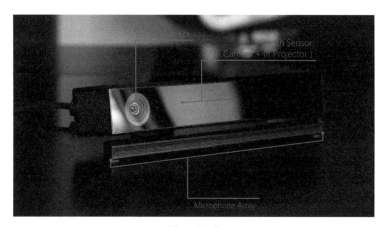

Kinect v2

「Kinect」と「モーション・キャプチャ」

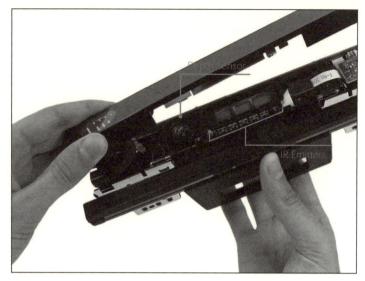

Kinect v2の中身
(iFixit (http://www.ifixit.com) より)

「Kinect v2」は、3Dセンサの動作原理から変更され、大幅に性能を向上させています。

表1が、「Kinect v1」と「v2」の主な性能の比較です。

表1.「Kinect v1」と「Kinect v2」の比較

	Kinect v1	Kinect v2
Color 解像度	640x480@30fps	1920x1080@30fps
Depth/IR 解像度	320x240@30fps	512x424@30fps
Depth センサの原理	Structured Light (Light Coding)	Time of Flight (ToF)
水平/垂直画角	57°/43°	70°/60°
人物検出範囲	0.8-4.0m	0.5-4.5m
人物領域	6人	6人
人物姿勢	2人 20Joint/人	6人 25Joint/人
手の状態	2種類 (Open, Closed)	3種類 (Open, Lasso, Closed)

Kinect

「Kinect v2」では、「Colorカメラ」「Depthセンサ」ともに解像度が大幅に向上し、詳細で鮮明なデータが得られるようになりました。

「Depthセンサ」は動作原理が「Structure Light方式」(PrimeSense社 Light Coding)から「ToF」(Time of Flight)方式に変更されており、「Depthデータ」の分解能も高くなっています。

「Depthセンサ」は「0.5m～8.0m」の範囲で「Depthデータ」を取得できます。
(人物検出は「0.5m～4.5m」)。

また、「Depthセンサ」の画角も広くなっており、より多くの領域を捉えることができます。

「Kinect v2」から取得したDepthデータ

「Depthデータ」から計算された人物領域は6人まで取得可能で、そのすべてで詳細な人物姿勢(身体の節の3次元位置と方向)を得ることができます。

人物姿勢はより詳細になり、「25Joint/人」のデータを取得できます。首、親指、指先のJointが新たに取得できるようになりました。

また、「Kinect v1」より解剖学的に正しい位置へとJointの構成が見直されています。

手指の情報が取得できるようになり、「Open(パー)」「Lasso(チョキ)」「Closed(グー)」といった3種類の手の状態が取得できます。

「Kinect」と「モーション・キャプチャ」

Kinect v2から取得したBodyデータとHand State

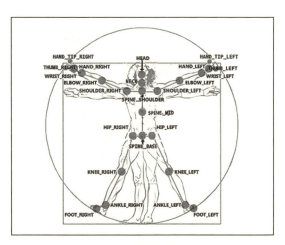

「Kinect v2」で取得できるJoint
(Kinct for Windows SDK v2.0 Referenceより)

　「Kinect v2」では、データの記録・再生ツール「Kinect Studio」と機械学習によるジェスチャ検出器作成ツール「Gesture Builder」が提供されます。

　これらのツールを使うことでSDKに用意されていない任意のジェスチャを定義でき、アプリケーションで「ジェスチャ認識」を実装できます。

「ジェスチャ認識」には、①「AdaBoost」(分類)によるジェスチャ実行中/非実行中の認識、②「Randam Forest」(回帰)によるジェスチャの進行状態の認識の2種類の機械学習による認識方法が提供されています。

Visual Gesture Builder

「Kinect v2」では、顔の検出・追跡の機能として「Face」と「HDFace」が提供されています。

「Face」は、顔パーツの位置の他、顔を囲む枠や顔の向き、顔の状態(笑顔、眼鏡の有無、目や口の開閉、正対)といった顔に関するさまざまな情報を取得できます。

「HDFace」は、1347点からなる詳細な顔モデルや髪や肌の色など、顔のモーションキャプチャのための情報を取得できます。

Face

「Kinect」と「モーション・キャプチャ」

HDFace

「Kinect v2」では、この他にも「3次元形状の再構成」(KinectFusion)や「発話者推定」(AudioBody)などの機能が提供されています。

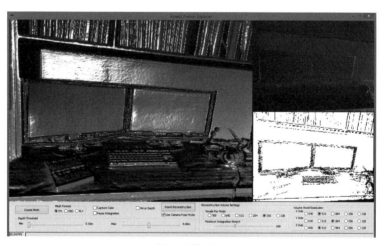

Kinect Fusion

Leap Motion

「Kinect」が主に全身を捉えるセンサであるのに対し、「Leap Motion」は手を捉えることに特化したセンサとなっています。

Leap Motion

「Leap Motion」の検出範囲はデバイスの上方に25～600mm、逆ピラミッド状に延びており、検出範囲にある「手」や「手指」「ツール」（細長い棒状のもの）の3次元位置や方向など、さまざまなデータを取得できます。

また、「Swipe」「Circle」「Key Tap」「Screen Tap」といったジェスチャの認識やTouch操作のエミュレーションなどができます。

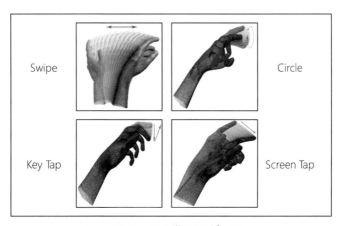

Leap Motionで認識できるジェスチャ
(Leap Motion SDK Referenceより)

「Kinect」と「モーション・キャプチャ」

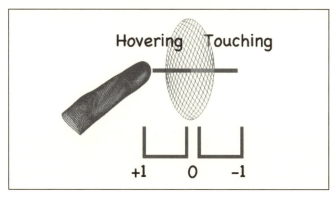

Leap Motionのタッチエミュレーション
(Leap Motion SDK Referenceより)

「Leap Motion SDK v2.0」では、ソフトウェアを改良することで同じデバイスでありながら以下のような機能を追加しています。

・新しい追跡モデルによる高精度化
　今までは見失いやすかった手の状態(指を揃える、手を縦にするなど)でも認識できるようになっている。

・手指の関節(MCP関節、PIP関節、DIP関節)の取得
　第一関節、第二関節、第三関節の認識

・前腕(肘〜手首)の取得

・左手右手の識別

・手指の識別
　親指、人差し指、中指、薬指、小指の識別

・Pinch動作(摘む)の認識

・Grab動作(握る)の認識

Leap Motion

・**Top-down追跡モード**
 Leap Motionを上下逆向きにして利用するモード

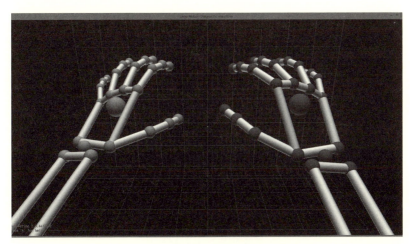

手指の関節と前腕の認識

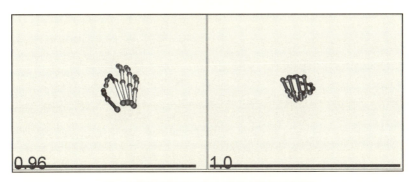

Pinch動作(摘む)とGrab動作(握る)の認識
(Leap Motion SDK v2.0より)

　「Leap Motion」は、机上にセンサを置いて上方の手を認識することに特化していましたが、「Oculus Rift」や「HTC Vive」などの没入型HMDを使ったVRが近年注目されるようになり、VRのためのコントローラーとして新たな使い方が提案されています。
　この「Leap Motion Orion」(Leap Motion SDK v3.0)では、没入型HMDの前面にマウントで「Leap Motion」を装着することで、前方視

「Kinect」と「モーション・キャプチャ」

野に入る手を認識できます。それに合わせて認識エンジンも大きく改善され、高い精度で細かなインタラクションができるようになっています。

「Leap Motion VR Developer Mount」と「HTC Vive」

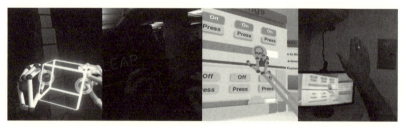

オブジェクトやUIの操作などVRの中で直感的なインタラクションが行なえる

Leap Motion「Orion」

VRに最適化されていく「ジェスチャ認識デバイス」

Leap Motion Developers JP
(eegozilla、川上礼次、スマピラ)

空中ジェスチャデバイス「Leap Motion」も、VR向けに新しい動きを展開しています。
ここでは「Leap Motion」の最新事情について紹介します。

VR向けエンジン「Orion」の発表

　Leap Motion社は、2016年2月中旬に「Leap Motion」が「VR」向けに最適化されたハンド・トラッキングの開発キット「Orion」(オライオン)をベータ版として公開しました。

`https://developer.leapmotion.com/orion`

Orionのベータ版配布サイト

　同社は「Orion」が解決してくれるものとして、
・追跡機能の強化
・複雑な環境に対するロバスト性
・認識範囲の拡張

Leap Motion「Orion」

・グラブとピンチの大幅な改善
・手の認識の高速化（低遅延）

などをあげています。

　これは、「Leap Motion」が、現在まで「HMD（ヘッドマウント・ディスプレイ）モードの公開」など、「VRとの融合」という流れを1つの軸として進化を続けてきたという背景があります。

　それ故、「Leap Motion」を活用したさまざまな「VRアプリ」が生み出されてきましたが、常に「レイテンシ」や「ロバスト性」などに対して、課題がありました。

各イベントにおけるVRの流れ

　3月中旬に米国テキサス州オースティンで開催された「SXSW 2016」でも、VRを中心とした「インタラクティブ・コンテンツ」が数多く展示されていました。

　こうした「VR」が一大トレンドとなる中で、「VR」の入力デバイスとして「HTC Vive」のコントローラや「Oculus Touch」「PlayStation Move」など、手の動きを取得して制御するという技術が次々に発表され採用されています。
　そして「VR」の「コントローラ技術には、「リアルタイム性」や「ロバスト最適化」などが求められています。

　「VR」のトレンドが、コントローラにまで目を向けられているという流れです。
　「ハンド・トラッキング」について一歩早く取り組んでいた「Leap Motion」のVR戦略として、「Orion」の開発は、必然的な取り組みなのかもしれません。

「Orion」の使用感

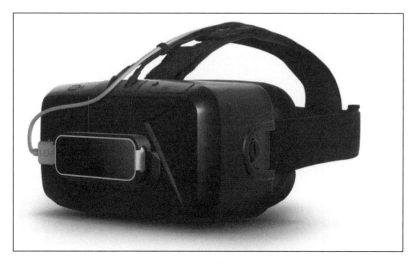

「Leap Motion」と「Oculus Rift」

　「Orion」は現在ベータ版として「Unity」向けのSDKが公開されています。

　さらに、現時点（2016年8月）では、「Unreal Engine 4」の「Leap Motion」プラグインも追加されていました。

> ※作成者のgetnamoは以前に非公式ではありますが、UEのプラグインを作った人です。

「Orion」の使用感

　「Orion」を実際に触っていたところ、以下のような感じでした。
- 左右の認識が左右40cmほどまで拡大。
- 上下が50cmくらいまで認識。
- 「Leap Motion」から左右45度くらいまで取得。

　また、「Orion」はVR向けと謳われていますが、これによる機能改善の恩恵は、デスクトップ・アプリでも受けることが可能です。

Leap Motion「Orion」

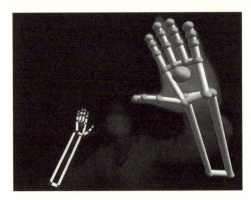

Leap Motion Visualizerの表示する様子

サンプルアプリを触れてみる

■ Blocks

「Orion」の発表と同時に公開されたサンプルアプリ「Blocks」は、「Orion」の可能性を充分に示しています。

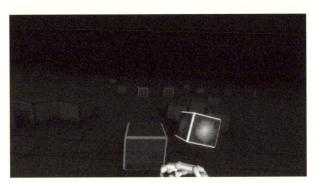

Orionで構築された「Blocks」

「Blocks」は、簡単に言えば、「積み木で遊ぶことができるアプリ」です。
　しかし、以下の動作が自然にできる点で、今までのアプリとは一線を画しています。

・物体の作成
・物体をもつ
・物体を投げる

「Orion」の今後

＊

他にも、空中に文字を書いたり、飛行機のコックピットの中を操作できるようなサンプルもありました。

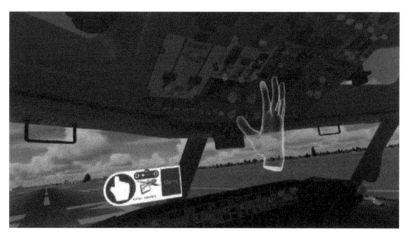

コックピットの中を操作する「FlyInside」

「Orion」の今後

「Orion」は、「ツール」や「ジェスチャ」など、以前のSDKと互換性はなく、新しいバージョン（v3）として取り扱っていくようです。

先に述べた通り、VRのコントローラとしては、すでに「HTC Vive」や「Oculus Touch」「PlayStation Move」が発表されています。
これらのデバイスは、「赤外線」や「カメラ」「センサ」などを組み合わせて、正確に場所の測定ができるのが強みです。

一方、「Leap Motion」は、手に何も付けません。
私はよく、友人に「Oculus Rift」や「ハコスコ」などを体験してもらうことがありますが、初めてHMDを付けた多くのユーザーの反応をみると、まず手で何かを触ろうとする動きが見てとれます。
その点で、「Leap Motion」は最も自然で、違和感が少ないデバイスだと思います。

Leap Motion「Orion」

　それぞれ使い分けが重要だと思いますが、「Orion」は、「Leap Motion」をそれらのコントローラと匹敵するものに引き上げてくれる可能性を感じています。

次期製品

　「Leap Motion」を装着できるHMDには、現時点（2016年8月）で、
- Oculus Rift DK1
- Oculus Rift DK2
- Oculus Rift CV1
- OSVR Hacker Development Kit

があります。

　「Leap Motion」では、次期製品に、VR用HMDの「組み込みモジュール」の計画があるので、これから更に「モーション・キャプチャ」内蔵のHMDなどが出てくると考えられます。

　また、「手」に「超音波ビーム」で「物理フィードバック」を与える、「UltraHaptics」との連携も進めています。

　現在、VR空間に入り込むためのデバイスには、モーション・キャプチャとしては、全身をキャプチャする、
- Perception Neuron
- Kinect

や、顔や手の動きをキャプチャする、
- Intel RealSense

などがあります。
　しかし、今後は、もっと多様なデバイスが出てきそうです。

2016年はVR元年!?

HTC ViveとOrionの連結(非公式)

2016年はVR元年!?

■ エコシステムとマーケット

そうは言っても、対応したVRアプリがなければ意味がありません。

現在、「Leap Motion」に対応したアプリは少ないですが、「Orion」が「Unity」のネイティブVRに対応しているため、「VRエコシステム」と一緒に、対応アプリも拡大していくと考えられます。

また、「VRゲーム向けマーケットプレイス」も増えていて、「itch.io」では、「Leap Motion」カテゴリもあるので、今後はゲームタイトルも増えそうです。

■ Android

2015年から、Leap Motionでは、「Android」の「アルファ版SDK」の開発者を募集していて、近々ベータ版の配布を公表しています。

「Oculus Rift」「HTC VIVE」「PlayStation VR」「Gear VR」

　「Leap Motion」に近いサイズの「RealSense」も新しい製品として、CES 2016で「IonVR」に装着した「Smartphone Developer Kit」を展示していたので、もしかすると、近々「Android」対応のモーション・キャプチャが揃うかもしれません。

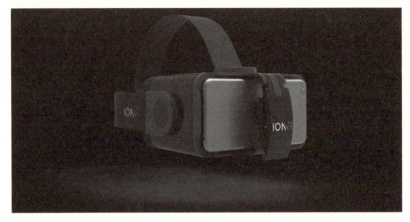

IonVR

Perception Neuron
安価で高性能な「モーションキャプチャ・デバイス」 中村 薫

「Perception Neuron」(パーセプションニューロン)は、身体の動きをデータとして取り込む、「モーションキャプチャ」用のデバイスです。
ここでは、サンプルを借りたので、実際に使いながら、どのような特徴をもっているのか見ていきたいと思います。

身体に着けて、動きを取り込む

「Perception Neuron」は、体の動きを取得する「モーションキャプチャ・デバイス」です。

頭や腰、腕、足などに、最大32個の「ニューロン」と呼ばれるセンサを付けて、体の動きを取り込みます。

Perception Neuron
http://www.aiuto-jp.co.jp/products/product_1744.php

価格は、日本の代理店からの購入で、約20万円(2016年8月現在)です。

これは、装着型の「モーションキャプチャ・デバイス」としては、かなり安価に抑えられています。

Perception Neuron

*

　筆者は普段、赤外線カメラで全身の動きを取得する「Kinect」というセンサを使って「モーションキャプチャ」を行なっています。

　しかし、「Kinect」のようなカメラを使う場合、カメラから見えない場所(死角)の動きがとれないという問題があります。

　それに比べて、「Perception Neuron」は体に直に装着するため、死角というものがありません。

　これは、大きなメリットだと言えるでしょう。

デバイスの構成

　では、「Perception Neuron」の中身を見てみましょう。

　写真中央のアルミケースに「ニューロン」が入っています。

　この他に「ニューロン」を取り付けた状態で身体に装着する各部位の「ストラップ」と、データをPCに送るための「ハブ」。

　そして「ハブ」をPCやバッテリと接続するための「USBケーブル」が入っています。

専用ケースの中身。結構な数の部品がある

デバイスの構成

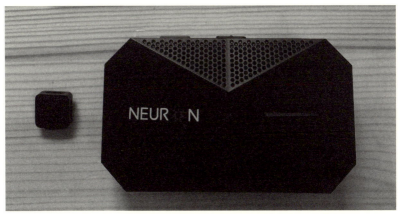

「ニューロン」(左)と「ハブ」(右)

　この他、「ニューロン」の装着位置が記載されている冊子があり、これを参考に装着します。

*

　なお、「ニューロン」は、「3軸ジャイロスコープ」「3軸加速度計」「3軸磁力計」で構成されています。
　また、装着の構成は非常に柔軟で、「シングル・アーム」(片腕)のほか、「上半身」「全身」と、使う箇所に合わせて変更が可能です。

取り付ける「ニューロン」の数が多いほど、細かい動きのデータを取得できる

Perception Neuron

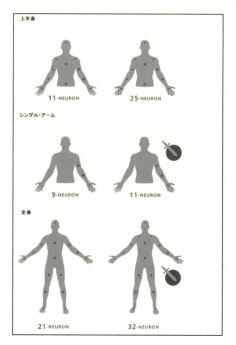

装着の一例。身体のほかに、手に持つオブジェクト用の「ニューロン」も用意されている

装着してみた

　装着の際は、それぞれの「ストラップ」に表側に「ニューロン」を取り付けます。

　「ストラップ」の裏に装着する位置が書かれているので、迷うことはないでしょう。

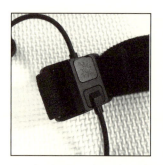 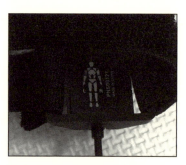

「ニューロン」の取り付け（左）どの位置に装着するのかは、裏に図で示されている（右）

装着してみた

　「ニューロン」を「ストラップ」に取り付けたら、「ストラップ」同士をケーブルで数珠つなぎに接続します。
　これで、全身の「ストラップ」がケーブルで接続され、最後に「ハブ」を接続すれば、PCにデータを送る準備が整います。

各部位のストラップをケーブルでつないでいく

　装着してみると、次の写真のようになります。
　全身をケーブルでつながれている感覚がなんとも言えません。
　海外の製品なので、サイズが大きめになっているとは思うのですが、筆者が装着した感じでは、「太もものストラップ」が短め（キツめ）でした。

装着するとこのような感じに

Perception Neuron

また、全身に装着する場合は、準備が大変です。

慣れないうちは、誰かに手伝ってもらったほうがいいかもしれません。

「全身」に装着する場合は結構な作業になる

モーションデータの送受信

モーションデータは、全身につけた「ニューロン」から「ハブ」を通して、「PC」に送られます。

「ハブ」と「PC」は、USBケーブル（有線）、またはWi-Fi（無線）での接続が可能です。

Wi-Fiで接続する場合は、「電源用のバッテリ」を別途装着する必要がありますが、自由に動けるのでWi-Fi接続のほうが便利に使えるでしょう。

データのフレームレートは、装着する「ニューロン」の数によって変わり、18個までは「120フレーム/秒」、32個までは「60フレーム/秒」となっています。

専用ソフト「Axis Neuron」

　先ほど「ニューロン」は、USBケーブルかWi-Fi接続でPCと接続し、データを取り込むと説明しました。
　このデータの取り込みには、「Axis Neuron」という専用ソフトを利用します。

　「Axis Neuron」には、
・モーションデータの、動きの確認
・キャリブレーション(初期設定)
・モーションデータの記録
・モーションデータのファイルへの書き出し
・モーションデータの配信
などの機能があります。
　ファイルへの書き出しについては、「BVH」(Biovision Hierarchy)と呼ばれるモーションデータ用ファイルや、アニメーションデータの「FBX」ファイルなどへの出力が可能です。

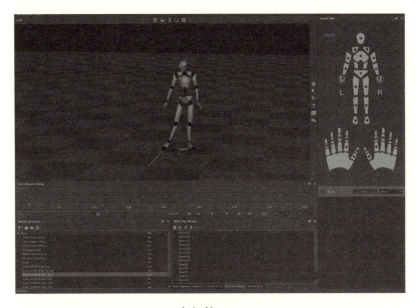

Axis Neuron

このように取得したモーションデータは、「Axis Neuron」を通してファイル出力することで、モデルデータのモーション作成や、モーションのリアルタイム配信によってアプリに自分の動きを付加するなど、さまざまな用途に使用できます。

また、専用の「SDK」も用意されています。
これを利用して「C++」「Unity」「Unreal Engine」などに取り込み、アプリケーション内でリアルタイムにモーションデータを使うこともできます。

*

なお、「Axis Neuron」はWindows専用のアプリですが、「SDK」はWindowsでもMac OS Xでも利用できます。
そのため、「Perception Neuron」をもっていなくても、モーションデータさえ用意できれば、アプリの確認や開発が可能です。

なお、「Axis Neuron」から「SDK」へのデータの送信方法は、次の2つがあります。

- ニューロンのデータをリアルタイムで送信
- 保存されたモーションデータを送信

*

「Axis Neuron」は無料でダウンロードできるので、まずはどのようなものなのか体験してみてもいいでしょう。

Desktop MOCAP iPi 3
3つのWebカメラで「モーション・キャプチャ」

小笠原 種高

「Desktop MOCAP iPi 3」は、「Zero C seven」社が提供している、簡易モーション・キャプチャのソフトです。
Webカメラで撮影した画像に対して、後から処理できるのが特徴。
人の動きを撮影して、その映像を解析することで、「ボーン」の動きを作ることができます。

ソフトの構成は2つ

「Desktop MOCAP iPi 3」は、2つのソフトで構成されています。

1つは、動画を"録画"する「iPi Recorder」(無料)で、もう1つは「ボーン」に割り当てるなどの"解析"をする「iPi Mocap Studio」(サブスクリプション型でライセンスを購入※)となっています。

※「1年」または「3ヶ月」から選べる。

「録画ソフト」「解析ソフト」は、別々のパソコンにインストールしてもかまいません。
「録画ソフト」は撮影場所に持ち運ぶことを考えると、ノートパソコンが理想でしょう。

2つのソフトをダウンロード
http://zeroc7.jp/products/desktop_mocap_ipi_3/

Desktop MOCAP iPi 3

「3台以上のWebカメラ」か「Kinect」を使用

構成は、「3台以上のWebカメラ」か、「Kinectなどのデプス・センサ」を利用します。

三方向以上からの撮影になるため、「三脚」などカメラを固定する装置や、3m程度の「USB延長コード」が必須です。

また、カメラの帯域の問題があるため、USBのHUBを噛ませるのではなく、3つを直接挿せるだけの「USBポート」が必要です。

このほか、「Pentium4」以上が使用要件となっていますが、あまり古いPCは現実的ではないでしょう。

Webカメラは、「Sony PS3 Eyeカメラ」が推奨されていますが、他のカメラでも撮影は可能です。

ただし、古いカメラでは、対応不可のエラーが出てしまいました。

＊

カメラのセッティングは、モデルに対し、「半円形」に設置します。

3台であっても、4台であっても、正面のカメラは「1m〜50cm」程度高く設定すると、キャプチャ精度が上がります。

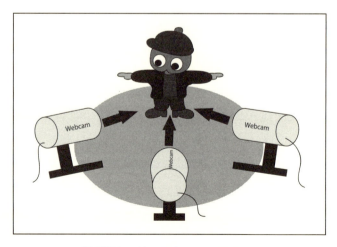

撮影対象に対して、半円形で設置する

アクター（撮影対象者）は、できるだけ「黒い服」を着ることが推奨されています。
　また、スカートには対応しておらず、ピッタリした服でポージングする必要があります。

　ゴチャついた部屋では、モーションキャプチャの精度が下がってしまうので、何もない部屋や場所を選ぶか、シーツや模造紙などで覆うといいでしょう（青やグリーンのカーテンを推奨しています）。

撮影は、黒い服、シンプルな背景で行なう

「iPi Recorder」での録画

　「iPi Recorder」で録画する際は、実際のアクションを行なう前に、「キャリブレーション・ビデオ」を記録します。

　また、カメラに背景を覚え込ませる必要があります。
　撮影ずみの背景とは、別の物体の動きをトレースする仕組みです。

Desktop MOCAP iPi 3

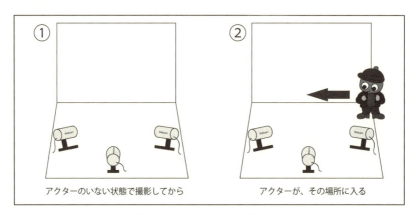

先にバックグラウンドを記録する

*

　アクターは、必ず手のひらを下に向けた「Tポーズ」を取ってから、アクションを始めます。

　モニタ画面では、カメラの台数ぶんの画面が表示され、リアルタイムに確認できるため、一人で撮影するよりは、撮影者がいたほうがスムーズにできます。

　また、あまりに照明に差があると、精度が下がってしまうので、できるだけ均一な場所で撮影します。

レコーディング画面

撮影後には、「フレームドロップ数」や「不良フレーム」数が表示されるため、何度かテストを繰り返すといいでしょう。

　著しくクオリティが低い場合は、赤字で表示されます。

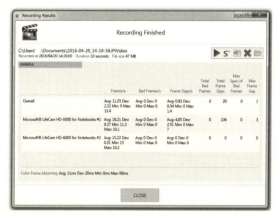

撮影後には、「情報ウィンドウ」が表示される

再生して確認

　撮影が終わったら、再生して確認しますが、「プレイヤー機能」や「ファイルの一覧」などが用意されており、すぐに確認ができます。

　撮影時だけでなく、撮影後の動画に対しても、バックグラウンドを消す機能があります。

バックグラウンドを消した状態

Desktop MOCAP iPi 3

「iPi Mocap Studio」で解析

「iPi Mocap Studio」で、撮影した動画ファイル(.iPiScene)を読み込んで、解析します。

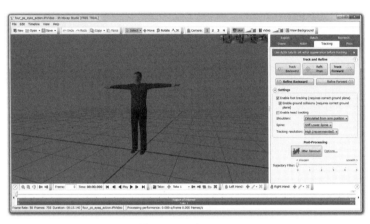

「解析ソフト」の画面

画面は、カメラごとに切り替えできます。
　また、動画の重ね合わせ、「ボーン」だけの表示、動画の人物だけを非表示にするなど、作業によっての切り替えも可能です。

動画と重ね合わせるとズレている

「アクター」の調整

作業前に「アクター」の調整をします。

画面上に表示されたキャラクターの「身長」や「肩幅」「性別」などを調整して、「アクター」と一致するように合わせます。

「キャラクター・インポート機能」があるので、オリジナルのキャラクターを使うことも可能です。

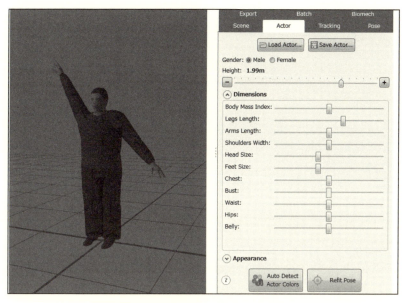

アクターの調整

Desktop MOCAP iPi 3

トラッキング後の「IK」の操作

どうしてもトラッキングが上手くいかない箇所が出てくる場合は、「IK」(関節)から細かい調整が可能です。

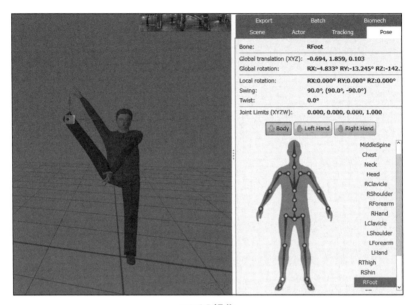

IKでの操作

エクスポートと他ソフトとの提携

エクスポートは、「BVH」「FBX」「SMD」など5つの形式に対応しており、Blenderなどで読み込めます。

＊

手作業で1つずつモーションを指定していくのは大変手間がかかるので、下作業として、このソフトで一気に入力すると、作業量が減りそうです。

ただ、ソフトの価格が高価であること、モーションを記録するために「4m四方」(10畳弱)の場所が必要となることを考えると、やや手を出しにくいソフトかもしれません。

Myo
アームバンド型の「ジェスチャ・コントローラ」

杉浦 司

ここでは、Thalmic Labs（タルミック ラボ）社から発売されているアームバンド型の「ジェスチャ・コントローラ」である「Myo」（マイオ）を紹介します。

「Myo」とは

「Myo」は、「パソコン」（Windows、Mac）や「モバイル・デバイス」（Android、iOS）に「無線」（Bluetooth 4.0 Low Energy）で接続する、「アームバンド型」の「ジェスチャ・コントローラ」です。

*

「手を開く・握る」「指をタップする」「手首を外側・内側に曲げる」「腕を上下左右に振る」「腕を捻る」などの「ハンド・ジェスチャ」を認識できます。

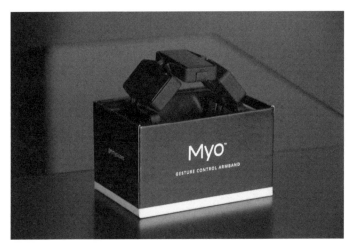

Myo - Gesture Control Armband

「Myo」は8つの「センサ・ユニット」が伸縮する部材で輪状につながれており、そこに前腕を通して装着します。

Myo

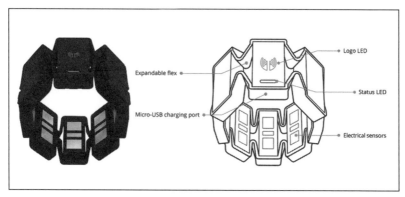

「Myo」のハードウェア構成

　「Myo」には、アームバンドの8つのユニットの内側に医療グレードの「表面筋電位センサ」（EMG：Electromyograph）の電極が搭載されており、ジェスチャ動作に伴う筋肉の動きで発生した筋電位を読み取り、解析することで、手の動きのジェスチャを認識します。
　そのため、「Myo」は「表面筋電位」を読み取りやすい前腕の最も厚くなる部分に装着します。

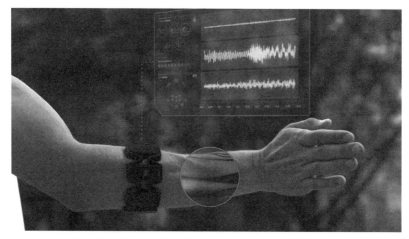

手首を外側に曲げたときに筋肉から発生する筋電位を読み取る

また、「加速度」「角速度」「地磁気」を含む「9軸の慣性センサ（IMU：Inertial Measurement Unit）」が搭載されており、「Myo」の姿勢を読み取り解析することで、腕の動きのジェスチャを認識します。

「ビジョン・センサ」では難しい「腕を捻る」ジェスチャを認識できます。

腕を捻る動作も認識できる

「Myo」では、

Fist	手を握る
Wave Left	手首を内側に曲げる
Wave Right	手首を外側に曲げる
Fingers Spread	手を広げる
Double Tap	中指と親指でダブルタップ

の5種類の手を使った基本的なジェスチャがあらかじめ設定されています。

初期設定のチュートリアルで試してみたところ、遅延を感じることなく即座にジェスチャを認識してくれます。

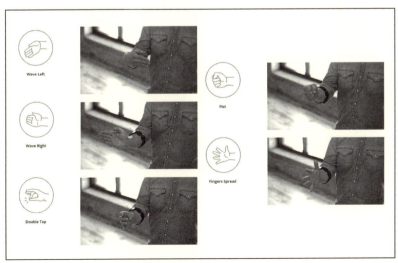

プリセットの「ハンド・ジェスチャ」

また、「Myo」をそのまま装着しただけでもジェスチャを認識できますが、「Armband Manager」で「キャリブレーション」することで認識精度が大きく改善しました。

「キャリブレーション」は、ウィザードの動画に従って同じジェスチャをするだけで難しい操作もなく簡単にできます。

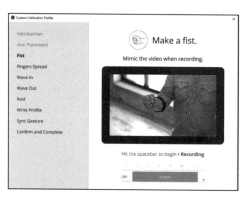

ウィザードに流れる動画と同じジェスチャをするだけでキャリブレーションが完了する

開発者は、①これらのプリセットの5種類の「ハンド・ジェスチャ」と、②「慣性センサ」から取得した腕の動き（腕の上下左右の移動や回転など）を組み合わせることで、より多くのジェスチャを認識できるでしょう。

また、「表面筋電位センサ」から取得した生のデータを使って、新しい「ハンド・ジェスチャ」を定義することもできるようです。

「Myo」の特徴と活用シーン

「Myo」は、ハンドジェスチャの認識に適したセンサです。
他のセンサでは難しかった手や腕の細かい動きを認識できます。
それは、無理のない動きで違和感のない直感的なハンドジェスチャが可能であることを示します。

「Myo」の特徴と活用シーン

　「Myo」は、ゲームやドローンなどを直感的なジェスチャで操作するコントローラーに用いると相性が良いでしょう。
　特に、近年注目されている「Oculus Rift」「HTC Vive」「HoloLens」を使った「VR」「AR」「MR」において、その体験を邪魔しないコントローラーの1つになるでしょう。

直感的なジェスチャによるドローンの操作

　また、「無線接続のためデバイスとコードで接続する必要がない」「腕に装着するため手が自由になる」などの特徴があります。
　衛生環境を求められる医療現場や自動車や自転車の運転中、スポーツの最中のような直接手で触れることが難しいシーンにおけるデバイスの操作など特徴を活かした使い方ができるでしょう。

メディアプレイヤーの操作をしながら自転車を整備

Myo

　また、複数の「Myo」を接続したり、腕だけでなく足にも装着したりすることもできるようです。様々なシーンで利用することができるでしょう。

Presentation Control

　「Myo」には、「PowerPoint」や「Keynote」のスライドショーを操作するための「Presentation Mode」が標準で用意されています。

　設定アプリケーションから「Presentation Mode」をONにするだけで、スライドショーを操作できるようになります。

Double Tap	中指と親指でダブルタップすると次のスライドへ進む。
Wave-In and Hold	手首を内側に曲げると前のスライドに戻る。
Make a Fist and Rotate	手を握り反時計回りに回転させるとポインタ、時計回りに回転させるとズーム。

　「Myo」を装着するだけでスライドショーを操作できるので、しっかり講演内容を伝えられるように聴衆に顔を向けてプレゼンテーションに集中できます。

　実際に「PowerPoint」のスライドショーを動かしてみましたが、操作は「進む」「戻る」「ポインタ」「ズーム」の4種類と多くないので、すぐに慣れることができました。

Keyboard Mapper

　同様に標準で用意されている「Keyboard Mapper」を利用すると、プリセットの「ハンド・ジェスチャ」の5種類にキーボードの操作やマウスボタンの操作を設定できます。

　「Myo」に対応していないソフトでも、この機能を使うことで「Myo」で操作できます。

　簡単に「Fist（手を握る）」にマウスの左クリック、「Finger Spread（手を開く）」にマウスの右クリック、「Double Tap（中指と親指でダ

Myo Market

ブルタップ)」に腕の移動によるマウスポインタの移動のON/OFFを割り当てたところ、問題なくPCを操作できました。

より設定を詰めることで、普段のPC操作を「Myo」に置き換えることも充分に可能だと思います。

「ハンド・ジェスチャ」にキーボード、マウスボタンの操作を割り当てる

Myo Market

「Myo」に対応したアプリケーションは「Myo Market」で、

Connected Things	デバイス接続
Games	ゲーム
Tools and Productivity	ツール
Multimedia	マルチメディア
Presentations	プレゼンテーション

のジャンルですでにさまざまなアプリが公開されています。

「Myo」のためだけに作成されたアプリケーションだけではなく、既存のソフトウェアやデバイスを「Myo」で操作するためのアプリケーションも数多く公開されています。

https://market.myo.com/

Myo

　ここでは、この中からいくつか実際に利用してみたアプリケーションを紹介します。

■「Google Earth Connector」「VLC Connector」

　バーチャル地球儀ソフト「Google Earth」、マルチメディアプレイヤー「VLC」などを「Myo」で操作できるようにするアプリケーションです。

＊

　「Google Earth」では、地球儀を手で掴み引っ張って移動する、ズームイン・アウトなどの操作をできます。

　はじめのうちは、移動しすぎたりズームしすぎたりと難しく感じましたが、しっかりキャリブレーションして操作に慣れてくると思ったように動かすことができました。

＊

　「VLC」では、手首を曲げて早送りや巻き戻しなどのシーク操作、手を開いて再生と一時停止、手を閉じて回すことでボリューム操作といった直感的なプレイヤーの操作ができます。

＊

　いずれも直感的なジェスチャで違和感なく操作ができました。
　特に、「メディア・プレイヤー」は、テレビに接続したPCとの相性がよく、リビングでソファに座りながら手軽に操作できました。

「Myo」で「メディア・プレイヤー」を操作する

Myo Market

他にも多くのソフトやデバイスを操作するためのアプリケーションが公開されています。

■「Myo Diagnostics Page」

「Myo Diagnostics Page」はWebブラウザで動作する「Myo」のセンサから取得した「筋電位」や「加速度」「角速度」「地磁気」のデータやジェスチャ認識の結果、姿勢情報を確認できるアプリケーションです。

「Myo」からどのようなデータを取得できるのかを、動かしながら確認できます。

開発者なら、「カスタム・ジェスチャ」を作るためにどのデータを利用するべきなのか参考になるでしょう。

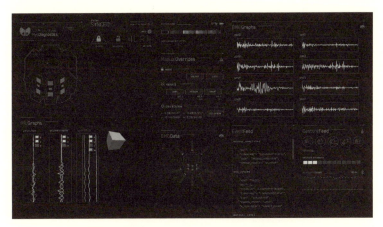

「Myo」で取得できるデータが一目で確認できる

*

ジェスチャ認識の「速度」「精度」ともに実用的なレベルにあり、ビジョン系のセンサでは認識し難い手のジェスチャを認識できるなど、高いポテンシャルをもっているように感じました。

面白いアイディアがあれば、ぜひ使ってみてください。

HoloLens（ホロレンズ）

現実空間と仮想オブジェクトをリンクさせる「MRデバイス」　中村 薫

ここでは、「Oculus Rift」をはじめとした「VRデバイス」とはまた違う、マイクロソフトの「HoloLens」(ホロ・レンズ)の特徴を紹介します。

「HoloLens」とは

　「HoloLens」は米マイクロソフト社が開発している、「頭部に装着するコンピュータ（PC）」です。

　現在は「Developer Edition」(開発者版)となっており、米国およびカナダのみの展開となっています（日本国内の展開は未定）。

HoloLens

　似たようなデバイスとして、「Oculus Rift」や「HTC Vive」といった「HMD」(Head Mounted Display)を知っている方も多いでしょう。

　「HMD」との違いとして、「HoloLens」は単体で動作するPCとなっており、ケーブルレスで動作が可能です。

イメージとしては、Androidスマートフォン用の「Gear VR」が近いでしょうか。

「MR」のためのデバイス

また、先述した「Oculus Rift」「HTC Vive」は、目の前全体をディスプレイで覆う「VR」(Virtual Reality：仮想現実)で利用するのに対して、「HoloLens」は主に「MR」(Mixed Reality：複合現実感)のためのデバイスとされています。

「VR」が視界全体に仮想空間を構築、ARが現実に仮想オブジェクトを上乗せするというものに対し、「MR」は、

現実空間に影響を受ける「仮想オブジェクト」を持った空間を作る

といったことができます。

*

「MR」のイメージは、次の画像です。

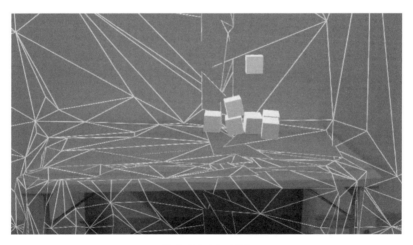

「MR」のイメージ図

真ん中のテーブルに、多数の「白い枠」が表示されています。
これは、「HoloLens」がテーブルを含めた空間を認識した結果の「3Dモデルのメッシュ」です(「空間マッピング」と呼ばれています)。

HoloLens(ホロレンズ)

ここに、上から落ちてくるキューブがたまっていきます。

「VR」であれば、テーブル含めた空間も、3Dモデルで作られた仮想空間になります。

また、「AR」であれば、認識したマーカーに対してキューブが落下するでしょう。

これが「HoloLens」であれば、その場の空間を使って、仮想空間内のオブジェクトに影響を与えることが可能です。

「HoloLens」(を被った人)が移動すると、この空間内を移動することになりますが、これには「SLAM」※の技術が使われています。

> ※「Simultaneous Localization and Mapping」の略。「自己位置の推定情報」と「地図の推定情報」を相互間させながら、正しい自己位置と地図情報を構築する技術。

「HoloLens」が認識した空間は、「Device Portal」(デバイス・ポータル)という機能で見ることができます。

この空間はWi-Fiのアクセスポイントに紐づいており、場所を移動しても再現できるようになっています。

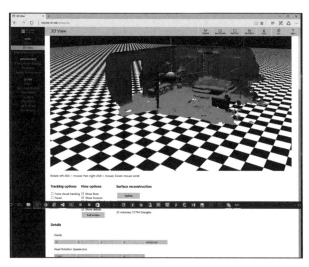

「HoloLens」が認識した空間の例

「HoloLens」での操作

「HoloLens」での入力は、「GGV」で行ないます。
「GGV」とは、

Gaze	視線、実際は頭の向き
Gesture	ハンド・ジェスチャ
Voice	音声

の3つの動作を意味します。

　「頭の向き」が「マウスカーソル」、「ハンド・ジェスチャ」が「クリック」とイメージすると、分かりやすいでしょう。
　最初は頭と指が別々ということに戸惑いますが、慣れるとサクサクと操作できます。

＊

　「ハンド・ジェスチャ」には、次の3種類があります。これで操作が可能です。

Air Tap	クリック相当
Tap and Hold	ドラッグ相当
Bloom	Windowsキー相当

　「HoloLens」には「Bluetooth」が搭載されているので、「キーボード」や「マウス」「ゲームパッド」などを接続することもできます。

「HoloLens」の外観

　前面から見ると、「ディスプレイ」があります。
　「HoloLens」は現実空間と仮想空間を混ぜるため、「ディスプレイ」は透明になっています。

少し大きめのサングラスといった感じ

HoloLens(ホロレンズ)

横から見ると「レンズ」が3枚あり、ここに映像を映しています。

3枚のレンズが重なっている

「HoloLens」は、「LCoS」※ (Liquid crystal on silicon) と呼ばれる方式でプロジェクションを行ないます。

> ※「RGB(赤、緑、青)の映像を、それぞれ別のパネルに投影して、それを重ねることで正しい色合いの映像を作る方式。

ディスプレイにあたる部分は縦が約2cm、横が約3cm (16:9)で、かなり小さいものになります。

ただ、先述したように、「HoloLens」はVRデバイスではないので、空間自体を仮想的に構築する必要はありません。

色がうっすらと変わっている部分が、ディスプレイ

アプリケーション開発

映像が投影される様子

　大きなモデルであれば「視野角」などが気になりますが、見る場所を集中すると、それほど気になりません。
　もっと「視野角」が広がれば、VR的な用途にも使えるようになるかもしれませんが、現状ではこの「視野角」に合わせたコンテンツを考える必要があります。

アプリケーション開発

　「Visual Studio 2015 Update2」以降のUWP[※]アプリと、「Unity」（Unity HoloLens Technical Preview Beta）からUWPアプリとして出力したものを動作させることができます。

> ※ユニバーサルWindowsプラットフォームの略。これに対応するアプリは、PCやスマホなど、デバイスを限定しない利用が可能になる。

　また、「HoloLens」にプリインストールされているストアを見ると、いくつかのアプリが利用できます。
　ここには「HoloTour」のような、「HoloLens」専用のアプリはもちろん、「Word」「Excel」「PowerPoint」といったOfficeアプリや、「OneDrive」「Skype」「リモート・デスクトップ」といったアプリもあります。
　これらを使えば、「HoloLens」上で仕事を行なうことも可能でしょう。

HoloLens(ホロレンズ)

　実際に文字の視認性も問題ありませんでした。

　また、「HoloLens」自体のスペックパワーはさほどでもありませんが、「リモート・デスクトップ」を使えば、外部の高スペックなコンピュータを使うこともできます。

＊

「HoloLens」のアプリは、次の3種類のジャンルに分かれます。

dyLock	アプリを自分に固定（移動しても、常に同じ位置にアプリを表示）。
WorldLock	アプリを空間に固定（通常のUWPアプリは、これに属する）。
排他的表現	特定のアプリだけを表示（UnityのVRサポート時など）。

　「WorldLock」のアプリはUWPで、「排他的表現」はUnityやDirectXで開発します。

＊

　なお、蛇足ですが、「HoloLens」の特長として「シースルー・レンズ」があります。

　これによって「HoloLens」を装着したままでも開発ができます(実際、この原稿はHoloLensをかぶって動作確認をしながら書いています)。

たとえば、マニュアルを映像で確認しながら作業を行なうことも可能に

終　章

「VR」の未来
VRはどのように進化するのか
本間 一

ハードやソフトの進歩、「VRコンテンツ」へのニーズの高まりなど、「VR」(バーチャル・リアリティ, 仮想現実)が普及へ向かう基盤が整ってきました。
これから先、「VR」はどの方向を目指すのでしょうか。

なぜ「VR元年」なのか

　2016年は「VR元年」などと言われています。なぜ、そう言われるのでしょうか。
　その理由は、「VR」の普及につながる環境が、ようやく整ってきたことにあります。

　　　　　　　　　＊

　「VR」の要素には、「ハード」「ソフト」「開発環境」「映像技術」などが挙げられます。
　そして、「VR」を成立させるには、これらの要素を高度なレベルで融合させる必要があります。

　しかし、それだけでは本格的な普及にはつながりません。
　普及するには、「価格」という要因が重要です。
　たとえば、高性能な据え置き型の家庭用ゲーム機は、3～5万円程度で提供され、広く普及しています。
　そして、それと同様に、「VR HMD」(ヘッドマウント・ディスプレイ)が普及するには、一般ユーザーが購入しやすい価格帯になることが必要です。

　　　　　　　　　＊

「VR」の未来

2015年には、一部の「HMD」製品が発売され、同年後半になると、続々と新製品の発売が予告されるようになりました。

2015年は、新しもの好きの少数のユーザーが、VRに触手を伸ばし始めた年でしたが、2016年は一般消費者向けの主要製品が出揃った年となりました。

「HMD」のハイエンド製品では、10万円を超えますが、安価なものでは、1万円台から買えるようになり、普及への地盤は整ったと言えるでしょう。

ジェッセ・シェル氏の未来予測

米国で開催される「GDC」(Game Developers Conference, ゲーム開発者会議)は、ゲーム業界で最も注目されるイベントの1つです。

2016年3月にサン・フランシスコで開催された「GDC 2016」では、「VR」専門のカンファレンス「VRDC」(Virtual Reality Developers Conference)も開催されました。

「VRDC」には、ゲーム開発会社Schell Games代表のジェッセ・シェル(Jesse Schell)氏が登壇し、2025年までの「VR」や「AR」の市場予測について講演しました。

*

この講演でシェル氏は、「ソニー」「Oculus」「HTC」の3社を中心に、2017年までに約800万台の「VRシステム」が販売されるという予測を発表。

この「VRシステム」は、「ゲーム機」や「PC」など、主に据え置き型端末をプラットフォームとしてプレイします。

一方、安価な「モバイル端末向けシステム」は、据え置き型の4倍の台数が販売されると予測しています。

そして、2023年ごろには、「ゲーム機」「PC」「モバイル端末」を含めると、ほぼすべてのユーザーが「VRシステム」を所有することになる、と述べています。

*

シェル氏のもう1つの予測は、"2022年までに、「VRシステム」の主流が「スタンドアローン型」に移行する"というもの。

これは、「HMD」内部に「PC」や「スマホ」と同等の機能を搭載し、「HMD」単体で「VR」処理ができるシステムです。

単体で使うだけでなく、無線機能で他の端末と接続して、通常の「HMD」として使うこともできます。

スタンドアローン型HMD
「Alloy」(インテル)

これからの「VRデバイス」

現状のHMDの欠点は、重くて大きいところ。VRデバイスが進化すると、その1つの形態として、「メガネ」の形状に近づくというのは、想像に易いと思います。

現在のメガネ型デバイスの主要製品は、通常の視界に情報を重ねて表示する、いわゆる「AR」対応のタイプです。

「VRコンテンツ」を利用するには、完全に視界を覆う形の「HMD」を使うのが一般的ですが、将来は、それを通常の「メガネ」に近い形状で実現できるようになると考えられます。

初期段階では、「簡易没入VRモード」のような機能をもった製品が登場し、やがて従来のような「HMD」は淘汰されるときがくるのではないでしょうか。

*

ここでは、「将来のVRデバイス像」や、あらゆるVRアプリケーションに、汎用的に対応できる「メガネ型デバイスの実現に必要な条件」などについて考察してみます。

「VR」の未来

■ 処理基板の小型化

「VRメガネ」を実現するには、まず「基板の小型化」が必要ですが、これはまず問題ないでしょう。

現状でも、ハードの小型化技術は、かなり高度なレベルに達しています。

■ バッテリの持続時間

軍事訓練用の「VRシステム」では、「HMD」と「サーバ」を無線接続し、ある程度の広さのスペースをプレイヤーが動きまわる、というものがあります。

このようなシステムに使うHMDでは、充分なバッテリ持続時間を確保する必要があります。バッテリの大容量化と、ハードの省電力化の両面で、高性能化が必要です。

*

「モバイル端末の電力確保」には、「大容量化」以外の方法も考えられています。

その1つは、「充電時間の短縮」です。

たとえば、バッテリが1日もたないとしても、充電が1分くらいで終わるとすれば、ある程度の利便性は確保できます。

スタンフォード大学の研究チームは、わずか1分で充電が完了する「アルミニウム・バッテリ」の開発に成功。

これは、薄く平面的なバッテリを作れるので、スマホなどに適していますが、形状は自在に変えられるので、幅広く多様な端末に応用できます。

■ UIをどうするか

「メガネ型デバイス」の「UI」(ユーザー・インターフェイス)の操作は、利用目的によって最適な方法が異なります。

Webページの閲覧などの一般的な情報取り扱い用途では、メガネ

これからの「VRデバイス」

の「ツル」部分を触る「タッチパッド」や「音声認識」が有効でしょう。

　「スマホ」と連携させて、スマホを「操作パネル」として使う方法もあります。
　アクション系の「VRゲーム」をプレイするには、やはり「ゲームパッド」などの操作デバイスが向いています。

＊

　手足や頭など、身体の動く部分に「センサ・デバイス」を装着するタイプの「VRシステム」が開発されています。
　こうしたシステムは「アクション・ゲーム」などには向いていますが、比較的大掛かりな装置が必要だという問題があります。

　そこで注目されるのは、「ジェスチャ・コントロール」で「VR空間」を操作する技術です。

　イスラエルの企業のアイサイト社（EyeSight Technologies）は、標準的な「スマホ」を、「手」や「指先」の「ジェスチャ」で操作する技術を開発しています。

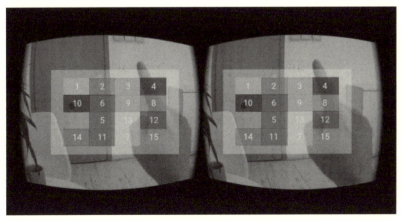

「ジェスチャ」によるスマホの「VR操作」イメージ

　このような技術によって、「スマホ」を「HMD」として使う「VRコンテンツ」が手軽に楽しめるようになりそうです。

153

「VR」の未来

■ 映像の投影方式

「メガネ型」の「ウェアラブル・デバイス」も、製品がいくつかの登場し、選択肢が広がってきました。

こうした製品には、コニカミノルタが開発した「ホログラフィック光学素子」や、電気通信大学の大学院情報システム学研究科が開発した「光学シースルー方式」などの投影技術が使われます。

これらの技術は、通常の視界を妨げずに、情報を表示する用途に使われているだけで、没入型HMDとして使える機種はまだ出ていません。

*

一般に「没入型」の「VRコンテンツ」を見るには、両目を完全に覆う形のHMDが使われます。

「メガネ型デバイス」に「没入VRモード」のような機能が搭載されれば、もっと手軽にVRコンテンツを利用できるようになるでしょう。

このような機能を実現するには、メガネ型デバイスのレンズに、一時的に遮光する特殊フィルムを設け、VR映像だけを表示するような方法が考えられます。

また、VRゲームなどのプレイでは、基本的に外界の光を遮(さえぎ)る必要があります。

それに対応するため、「VRモード」の利用には、メガネフレームの周囲に「遮光ガード」を取り付けるような製品が登場するかもしれません。

そして、それをひな形として、「VRモード」のときに、メガネのツルに内蔵された極薄の遮光幕が瞬時に飛び出すような製品が出るのはないかと期待しています。

「味」や「香り」の「VRミックス」

　東京大学大学院情報理工学系研究科の廣瀬・谷川・鳴海研究室では、人間とコンピュータを一体化するための情報を処理する技術「サイバネティック・インターフェイス」に関する研究をしています。

　研究の中核には、VR技術と、それを操作するインターフェイスがありますが、この研究室で特徴的なのは、「視覚」だけでなく、「触覚」「嗅覚」「味覚」「満腹感」などの感覚をVRと結びつけるための研究を行なっていること。
　「VR」の中で、嗅覚や味覚などを物理的に忠実に再現するのではなく、より単純化した装置を用いて、実体験と同等のVR体験を与えられるようなシステムを開発しています。

＊

　近年、人間の脳内では「クロス・モーダル」(感覚間相互作用)が起こっていることが分かってきました。
　これは、たとえば、同じ香り成分を嗅いだとしても、視覚的刺激を変化させることによって、体感する香りが変化する、という作用です。

　同研究室では、「香り」と同時に「フルーツの映像」を被験者に見せる、という実験を行ない、10種類のフルーツの香りを、わずか3種類の化学物質で代用できることを突き止めました。

　この研究結果を基に、「ウェアラブル嗅覚デバイス」の開発が進められています。

　このようなデバイスの登場によって、料理の味を感じられる映画が作られたり、お菓子のCM映像と同時に、甘い香りが流れたりするようになるかもしれません。

「VR」の未来

Google Daydream

　Googleは2016年5月、スマホなどのモバイル端末用のVRプラットフォーム「Daydream」を発表。

　「Daydream」は、「Android Nougat（ヌガー）」（「Android 7」のコードネーム）でサポートされます。

＊

　「Android Nougat」は、「VR」の動作に最適化された「VRモード」を搭載し、各種センサ類との連携動作や3Dオーディオなどをコントロールします。

＊

　仮想空間内で、違和感なく操作するには、センサのレイテンシ（遅れ）を20ミリ秒以内にする必要があると言われています。

　「VRモード」では、ユーザーの頭の動きを20ミリ秒のレイテンシで検知できます。

　「Daydream」の動作に必要なスペックを満たした端末は、「Daydream Ready」の認定を受けることができます。

　認定要件としては、「低残像のディスプレイ」「低レイテンシのセンサ」「高性能なSoC」（複数の機能をもつ半導体チップ）などが挙げられています。

＊

　「Daydream」関連の製品としては、「VRビューワ」と小型のリモコンのセットが発売されます。

　「VRビューワ」は、VR対応のスマホを装着して、HMDとして使うためのデバイスです。

　これまでは、ゲーム機やPCと比べると、「スマホ」の「VRコンテンツ」は、簡易的なものというイメージでしたが、「Daydream」の登場によって、ゲーム機などに匹敵するような「VR」ができるようになりそうです。

Google Daydream

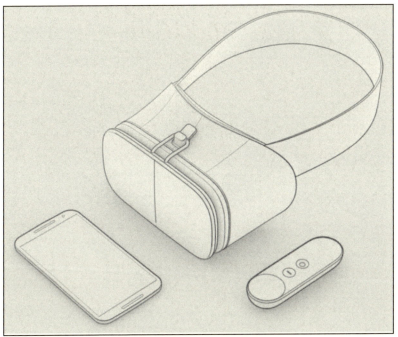

Daydream対応のVRビューワのイメージ

索引

五十音順

あ行
あ　アイバン・エドワード・サザランド……48
　　アクター……131
　　アクティブシャッター方式……49
　　アナグリフ方式……49
　　アノテーション……69
え　遠隔操作……55

か行
か　拡張現実……39
　　仮想現実……37
　　感覚間相互作用……155
　　慣性センサ……135
き　キャリブレーション・ビデオ……127
く　空間マッピング……143
　　クロス・モーダル……155
こ　光学シースルー方式……154

さ行
さ　サイドバイサイド方式……52
　　サイバネティック・インターフェイス……155
し　シースル・レンズ……148
　　ジェスチャ・コントローラ……133
　　ジェッセ・シェル……150
　　自己投射性……39
　　視線追跡センサ……96
　　ジャイロスコープ……52
　　手術ロボット……43
　　振動触覚……64
す　スマートグラス……78
せ　セカイカメラ……78

た行
た　ダークエスケープ3D……51
　　代替現実……42
　　ダモクレスの剣……48
ち　地磁気……52
　　超音波エコー……71
て　電気触覚ディスプレイ……63
と　透明電極マトリクス……63

な行
な　ナイアンティック・ラボ……87
に　入力デバイス……94
　　ニンテンドー3DS……50

は行
は　バーチャルボーイ……50
　　パッシブ方式……49
　　発話者推定……104
　　ハンガー反射……65
　　ハンド・ジェスチャ……145
ひ　表面筋電位センサ……134
ふ　フォビエイテッド・レンダリング……96
　　複合現実……41
　　物理フィードバック……114
　　ブルーシャーク・プロジェクト……55
へ　ヘッドトラッキング……52
　　ヘッドマウントディスプレイ……36
ほ　ポケモンGO……88
　　ホログラフィック光学素子……154

ま行
ま　マーカー……80
　　マッチムーブ……69
も　モーションキャプチャ……53,117

ら行
り　リアリティ技術……36
れ　レイテンシ……110
ろ　ロバスト……110

英数字順

数字
3軸加速度……52
3次元空間……38
3次元触力覚……61

A
AdaBoost……103
Alloy……151
ARToolkit……73
AudioBody……104
Augmented Reality……39
Axis Neuron……123

B
Blocks……112

C
Colorカメラ……101

索 引

D
Daydream ……………………………… 156
Depth センサ …………………………… 101
Desktop MOCAP iPi 3 ………………… 125

E
EMG ……………………………………… 134

F
Face ……………………………………… 103
Flyinside ………………………………… 113
FOVE ……………………………………… 96

G
Gamefacelabs …………………………… 97
GDC ……………………………………… 150
GearVR …………………………………… 92
Gesture Builder ………………………… 102
GGV ……………………………………… 145
GoogleGlass ……………………………… 79

H
HD Face ………………………………… 103
HMD ……………………………………… 36
HoloLens …………………………… 82,142
HTC Vive ………………………………… 92
HTC VR コントローラ ………………… 94
HUD ……………………………………… 75

I
IK ………………………………………… 131
IMU ……………………………………… 135
Ingress …………………………………… 87
Ion VR …………………………………… 116
iPi Mocap Studio ……………………… 130
iPi Recorder …………………………… 127

K
Kinect …………………………………… 99
Kinect Fusion ………………………… 104
Kinect Studio ………………………… 102

L
LCoS ……………………………………… 146
Leap Motion …………………………… 105
Leap Motion Orion …………………… 109

M
Magic Leap ……………………………… 41
Mixed Reality …………………………… 41
M-ORB …………………………………… 61
MSRQD …………………………………… 68
Myo ……………………………………… 133

N
Navicam ………………………………… 73

O
Oculus Home …………………………… 58
Oculus Rift ……………………………… 92
Oculus Share …………………………… 58
Oculus Touch …………………………… 94

P
Perception Neuron …………………… 117
PlayStation VR ………………………… 92
PrioVR …………………………………… 53
PS Move コントローラ ………………… 94

Q
QR コード ………………………………… 80
Randam Forest ………………………… 103
Razer OSVR ……………………………… 98

S
SLAM …………………………………… 144
SR ………………………………………… 42
Star VR …………………………………… 98
Structure Light 方式 ………………… 101
Substitutional Reality ………………… 42

T
TACTERA ………………………………… 59
ToF ……………………………………… 101

U
Unity …………………………………… 147
UnlimitedHand ………………………… 61

V
Virtual Reality ………………………… 37
VR 酔い ………………………………… 96

W
Wikitude ………………………………… 79

159

[執筆]

- arutanga
- Leap Motion Developers JP
　　（eegozilla、川上礼次、スマピラ）
- 小笠原　種高
- 小野　憲史
- 勝田　有一朗
- 佐野　彰
- 杉浦　司
- 本間　一
- 中村　薫

質問に関して

本書の内容に関するご質問は、

① 返信用の切手を同封した手紙
② 往復はがき
③ FAX(03)5269-6031
　（ご自宅のFAX番号を明記してください）
④ E-mail　editors@kohgakusha.co.jp

のいずれかで、工学社編集部宛にお願いします。電話によるお問い合わせはご遠慮ください。

●サポートページは下記にあります。
【工学社サイト】http://www.kohgakusha.co.jp/

I/O BOOKS

「VR」「AR」技術ガイドブック

平成28年9月15日　初版発行　ⓒ 2016

編集	I/O編集部
発行人	星　正明
発行所	株式会社工学社
	〒160-0004
	東京都新宿区四谷4-28-20 2F
電話	(03)5269-2041(代)［営業］
	(03)5269-6041(代)［編集］
振替口座	00150-6-22510

※定価はカバーに表示してあります。

[印刷] シナノ印刷(株)

ISBN978-4-7775-1968-2